... Títulos relacionados

ELEE0109
MONTAJE Y MANTENIMIENTO
DE INSTALACIONES ELÉCTRICAS DE BAJA TENSIÓN
[OTROS TÍTULOS DISPONIBLES]

Solicítalos en:
- Librería
- www.paraninfo.es
- Solicitudes nacionales +34 914 463 350
- Solicitudes fuera de España +34 913 308 907, +34 913 308 919

Mantenimiento de redes eléctricas aéreas de baja tensión

José Roldán Viloria

Paraninfo

Paraninfo

Mantenimiento de redes eléctricas aéreas de baja tensión
© José Roldán Viloria

Gerente Editorial

María José López Raso

Equipo Técnico Editorial

Paola Paz Otero

Sofía Durán Tamayo

Editora de Adquisiciones

Carmen Lara Carmona

Producción

Nacho Cabal Ramos

Diseño de cubierta

Ediciones Nobel

Preimpresión

Alejandra García Blázquez

COPYRIGHT © 2025 Ediciones Paraninfo, SA

1.ª edición, 2025

C/ Sierra de Guadarrama 35. Naves 2, 3, 4 y 5
Polígono Industrial San Fernando II
28830 San Fernando de Henares, Madrid
Teléfono: (+34) 914 463 350
clientes@paraninfo.es / www.paraninfo.es

ISBN: 978-84-283-3925-4
Depósito legal: M-1372-2025
(31.400)

Impreso en España / *Printed in Spain*
Liberdigital
(Casarrubuelos, Madrid)

La editorial recomienda que el alumnado realice las actividades sobre el cuaderno y no sobre el libro.

Índice

Introducción normativa... IX

Introducción del autor XV

1. Mantenimiento y reparación en redes eléctricas aéreas de BT................ 1

Introducción... 3

1.1. Diagnóstico y localización de averías... 9

    1.1.1. Averías en redes de media tensión (MT).............................. 12

    1.1.2. Averías en los centros de transformación............................. 13

    1.1.3. Averías en las redes de baja tensión.................................. 14

    1.1.4. Indicaciones en el articulado del REBT............................... 16

    1.1.5. Índice de materias tratadas en la ITC-BT-06.......................... 17

    1.1.6. Mantenimiento de redes de distribución de baja tensión.............. 18

    1.1.7. Conservación de los materiales de una red eléctrica aérea............. 19

    1.1.8. Instrumentos de medida de longitud y altura......................... 27

    1.1.9. Seccionadores de redes aéreas....................................... 27

    1.1.10. Localización de las averías debidas a cortocircuitos.................. 28

1.2. Sintomatología, técnicas empleadas y características fundamentales.......... 29

    1.2.1. Averías eléctricas en redes de distribución........................... 29

    1.2.2. Trabajos de mantenimiento en redes de distribución.................. 31

    1.2.3. Revisión y mantenimiento de las redes eléctricas posadas
        sobre fachada.. 33

1.3. Normas y procedimientos. Normas particulares de la compañía
    suministradora.. 35

    1.3.1. Normas y procedimientos.. 37

    1.3.2. Principales empresas distribuidoras de electricidad.................... 38

    1.3.3. Teléfono de las cinco principales distribuidoras...................... 39

    1.3.4. Especificaciones particulares de las empresas suministradoras........ 39

    1.3.5. Recopilatorio de normativa.. 43

    1.3.6. Programación de trabajos en la red de transporte..................... 44

1.4. Herramientas empleadas para el mantenimiento de instalaciones 45

    1.4.1. Herramientas para el mantenimiento de instalaciones 45

    1.4.2. Elementos auxiliares 47

    1.4.3. Herramientas complementarias 49

    1.4.4. Herrajes 50

    1.4.5. Instrumentos de medida 51

    1.4.6. Señalización de obras 52

    1.4.7. Otras señales para trabajos eléctricos 53

    1.4.8. Equipamiento personal 54

    1.4.9. Normas relacionadas con la seguridad 56

    1.4.10. Técnicas y procedimientos de trabajo 57

1.5. Función, utilización y tipos empleados 60

    1.5.1. Certificación de las herramientas aisladas 60

    1.5.2. Función 61

    1.5.3. Utilización de equipos de trabajo 62

    1.5.4. Reglamentación y disposiciones oficiales 64

    1.5.5. Trabajos en altura. Normativa 65

    1.5.6. Normas UNE EN relativas a equipos de protección 66

1.6. Mantenimiento predictivo. Mantenimiento preventivo.
Mantenimiento correctivo 66

    1.6.1. ¿Cuáles son los diferentes tipos de mantenimiento? 67

    1.6.2. ¿Qué tipo de mantenimiento se le da a las instalaciones eléctricas? 68

    1.6.3. Conceptos sobre mantenimiento 68

    1.6.4. Mantenimiento eléctrico predictivo 70

    1.6.5. Mantenimiento eléctrico preventivo 71

    1.6.6. Mantenimiento correctivo 73

    1.6.7. Gestión del mantenimiento 75

    1.6.8. ¿Qué se consigue con la informática de gestión? 75

    1.6.9. Beneficios de un mantenimiento preventivo basado
en la tecnología 76

    1.6.10. Ventajas que aporta la gestión informática del mantenimiento 77

1.7. Mantenimiento de una línea de BT. Medidas y controles.
Termografía. Medida de resistencia de puesta a tierra, entre otras 78

    1.7.1. Mantenimiento de una línea de baja tensión 79

    1.7.2. Medidas y controles 80

    1.7.3. Principales instrumentos de medida para el diagnóstico
de anomalías 83

    1.7.4. Termografía 86

    1.7.5. Medidas de resistencia de puesta a tierra 90

    1.7.6. Otras medidas 91

1.8. Revisiones de mantenimiento. Reconocimiento reglamentario 97

1.8.1. Índice de materias tratadas en la ITC-BT-05 y la GUÍA-BT-05 98

1.8.2. Diferencia entra verificación e inspección según la GUÍA-BT-05 100

1.8.3. Revisiones de mantenimiento 101

1.8.4. Reconocimiento reglamentario 105

1.8.5. Revisión de las redes de distribución de baja tensión 106

Actividades finales 109

2. **Medidas y medios de seguridad en redes eléctricas aéreas de BT** 113

Introducción 115

2.1. Instalación en descargo 119

2.1.1. Trabajos sin tensión, según el Real Decreto 614/2001 119

2.1.2. Propuesta de procedimiento de operación básico
de las redes de distribución 124

2.2. Las cinco reglas de oro 125

2.2.1. Explicación gráfica de las Cinco reglas de oro 126

2.2.2. Reglas de oro para trabajos sin tensión 128

2.2.3. Reposición de la tensión 129

2.2.4. Manual de seguridad y salud en trabajos en baja tensión 130

2.2.5. Elementos de un equipo portátil de puesta a tierra 130

2.2.6. Señalización de trabajos eléctricos en curso 131

2.2.7. Dispositivos de seguridad para intervenir en instalaciones eléctricas 132

2.3. Zona protegida y zona de trabajo 133

2.3.1. Zona protegida 133

2.3.2. Zona de trabajo 136

2.3.3. Trabajos en proximidad 141

Actividades finales 146

Introducción normativa

La Ley Orgánica 3/2022, de 31 de marzo, de ordenación e integración de la Formación Profesional, contiene una disposición derogatoria única que afecta a la regulación de los certificados de profesionalidad, ahora denominados **Certificados Profesionales**. La referida normativa deroga la Ley Orgánica 5/2002, de 19 de junio, de las Cualificaciones y de la Formación Profesional, y abre un escenario de cambios que se irá implementando progresivamente.

La Ley Orgánica 3/2022, de 31 de marzo, de ordenación e integración de la Formación Profesional implica que toda la formación es acumulable. La oferta formativa se estructura de forma escalonada, siendo los Certificados Profesionales un nivel intermedio (Grado C) de una escala que va desde el Grado A hasta el E.

En los artículos 35 a 38 de la Ley 3/2022 se describe en qué consisten estos Certificados Profesionales: su oferta, formación asociada, estructura, duración, acceso, titulación y validez. Posteriormente, esta normativa se completa con lo dispuesto en el Real Decreto 659/2023, de 18 de julio, que desarrolla la ordenación del sistema de Formación Profesional. Concretamente en los artículos 67 a 81 es donde se hace referencia a la oferta formativa de Grado C, correspondiente a los Certificados Profesionales.

Están agrupados en 26 familias profesionales con características comunes del sector. En la actualidad hay más de medio millar de Certificados Profesionales incluidos en el Repertorio Nacional. Esta cifra no deja de crecer. Además, cada certificado está específicamente regulado por un real decreto.

Un Certificado Profesional corresponde al Grado C de la oferta del Sistema de Formación Profesional. Es un documento oficial, con validez en todo el territorio nacional y debe constar en el Catálogo Nacional de Ofertas de Formación Profesional, que certifica la capacitación para el desarrollo de una actividad profesional.

Debe detallar los módulos profesionales superados y los estándares de competencia profesional asociados a él e incluidos en el **Catálogo Nacional de Estándares de Competencias Profesionales**, así como su correspondencia con el Marco Español de Cualificaciones.

Despliegan su validez en un doble ámbito, laboral y académico:

- En el contexto laboral tienen validez profesional, porque acreditan las competencias en una determinada profesión. Para poder trabajar en algunas profesiones, se exigen determinadas cualificaciones, y los certificados sirven para acreditarlas.

- Asimismo, tienen validez académica, puesto que permiten continuar un itinerario formativo siempre que se cumplan los requisitos de acceso para cursar la titulación deseada. De tal modo que, los Certificados Profesionales que sean parte de un Grado D permitirán la matrícula modular para completar los módulos establecidos en el currículo y obtener el correspondiente título de técnico básico, técnico o técnico superior con validez en todo el territorio nacional.

Para obtener un Certificado Profesional (Grado C) es preciso cumplir con los requisitos de acceso para realizar la formación.

Estructura de los Certificados Profesionales

I. Identificación: denominación, familia y área profesional a la que pertenecen; nivel de cualificación profesional (1, 2 o 3); cualificación profesional de referencia; entorno profesional y módulos formativos que esté previsto cursar junto con la duración de cada uno de ellos.

II. Perfil profesional: incluye las competencias profesionales requeridas en el mercado laboral. En todas ellas se concretan las realizaciones profesionales y los criterios de realización.

III. Formación: describe los módulos formativos que esté previsto cursar para adquirir las competencias requeridas. En cada uno de ellos se indican las capacidades que se pretende alcanzar y la duración del módulo de prácticas no laborales —PNL—, para el que cabe solicitar exención si se cumplen determinados requisitos.

IV. Prescripciones de las personas formadoras.

V. Requisitos mínimos de espacios, instalaciones y equipamiento.

Los Certificados Profesionales se identifican con una denominación concreta y un código alfanumérico propio, y sirven para acreditar una determinada cualificación profesional. Cada certificado está asociado a una relación de unidades de competencia que, a su vez, se vinculan con una serie de módulos formativos específicos. Algunos módulos están integrados por unidades formativas y tanto unos como otras son, en ocasiones, transversales, lo que significa que se trata de contenidos incluidos en más de un Certificado Profesional.

Los Certificados Profesionales se articulan en tres niveles de competencia profesional (1, 2 y 3) conforme a lo dispuesto en el que será el Catálogo Nacional de Estándares de Competencias Profesionales, anteriormente Catálogo Nacional de Cualificaciones Profesionales (CNCP), según los criterios establecidos de conocimientos, iniciativa, autonomía y complejidad de las tareas, en cada una de las ofertas de Formación Profesional.

La oferta formativa dirigida a la obtención de los Certificados Profesionales tiene carácter modular para favorecer la acreditación parcial acumulable de la formación recibida y posibilitar así el avance en el itinerario de Formación Profesional para cualquiera que sea la situación laboral de cada persona en cada momento.

En definitiva, el Grado C constituye la oferta, parcial y acumulable, del sistema de Formación Profesional, de varios módulos profesionales del catálogo modular de Formación Profesional por razón de su significado en el mercado laboral y conducente a la obtención de un Certificado Profesional.

Las ofertas de Grado C de Formación Profesional tendrán por objeto módulos profesionales incluidos previamente en el catálogo modular de formación profesional y asociados al Catálogo Nacional de Estándares de Competencias Profesionales.

Finalidad de los Certificados Profesionales

- Contribuir a la ordenación de un Sistema de Formación Profesional al servicio de un régimen de formación y acompañamiento profesionales que sea capaz de responder con flexibilidad a los intereses, expectativas y aspiraciones de cualificación profesional de las personas a lo largo de su vida.

- Combinar escuela y empresa situando a la persona en el centro del sistema.

- Facilitar el aprendizaje permanente de toda la ciudadanía mediante una formación abierta, flexible y accesible, estructurada de forma modular, a través de la oferta formativa asociada al certificado.

- Acreditar las cualificaciones profesionales o las unidades de competencia recogidas en estas, independientemente de su vía de adquisición, bien sea través de la vía formativa, o mediante la experiencia laboral o vías no formales de formación.

- Favorecer, tanto a nivel nacional como europeo, la transparencia del mercado de trabajo.

- Contribuir a la calidad de la oferta de Formación Profesional.

Este libro

El presente libro desarrolla la Unidad Formativa: **Mantenimiento de redes eléctricas aéreas de baja tensión. Código:** UF0893. **Duración:** 30 horas.

Está asociada al Módulo Formativo MF0823_2 Montaje y mantenimiento de redes eléctricas aéreas de baja tensión, asociado a la Unidad de Competencia UC0823_2 Montar y mantener redes eléctricas aéreas de baja tensión, perteneciente a la Cualificación Profesional de referencia Montaje y mantenimiento de instalaciones eléctricas de baja tensión (ELE257_2), incluida en el Certificado Profesional Montaje y mantenimiento de instalaciones eléctricas de baja tensión (ELEE0109), regulado por el Real Decreto 683/2011, de 13 de mayo.

La estructura organizativa de los contenidos corresponde fielmente a la establecida por la normativa vigente y más concretamente a los contenidos de la Unidad Formativa: **Mantenimiento de redes eléctricas aéreas de baja tensión.**

Contenido

1. **Mantenimiento y reparación en redes eléctricas aéreas de BT.**

   - Diagnóstico y localización de averías.

   - Sintomatología, técnicas empleadas y características fundamentales.

   - Normas y procedimientos. Normas particulares de la compañía suministradora.

   - Herramientas empleadas para el mantenimiento de instalaciones.

   - Función, utilización y tipos empleados.

   - Mantenimiento predictivo. Mantenimiento preventivo. Mantenimiento correctivo.

   - Mantenimiento de una línea de BT. Medidas y controles. Termografía. Medida de resistencia de puesta a tierra, entre otras.

   - Revisiones de mantenimiento. Reconocimiento Reglamentario.

2. **Medidas y medios de seguridad en redes eléctricas aéreas de BT.**

   - Instalación en descargo.

   - Las cinco reglas de oro.

   - Zona protegida y zona de trabajo.

■ Nota del Editor

En Ediciones Paraninfo estamos comprometidos con la calidad de la formación e intentamos que nuestros materiales respondan fielmente y con rigor a las necesidades de todos cuantos confían en nuestro sello editorial.

Tratamos de dar respuesta a los currículos de las unidades formativas y de los módulos que integran los distintos Certificados Profesionales, equilibrando la parte teórica con la práctica para que los procesos de aprendizaje se conviertan en experiencias gratificantes, tanto para docentes como para las personas inmersas en los procesos formativos.

Nuestros objetivos son contribuir de forma decisiva a afianzar aprendizajes, ayudar a adquirir destrezas que tengan significado para el empleo y conseguir potenciar el desarrollo personal.

Para lograrlo contamos con excelentes autores, expertos en las materias que abordan, en la mayoría de los casos docentes de dichas especialidades con dilatada experiencia tanto profesional como académica, porque buscamos perfiles familiarizados con los contextos laborales concretos a los que se refieren nuestros manuales.

Confiamos en poder serte de ayuda y esperamos tus impresiones acerca de nuestro trabajo. Sean positivas o negativas, serán muy bien recibidas y, sin duda, nos ayudarán a seguir mejorando y trabajando con ilusión para continuar siendo un referente en formación para el empleo.

Agradecemos tu confianza en nuestros manuales. Todo nuestro equipo queda a tu total disposición. Puedes contactar con nosotros en esta dirección de correo electrónico:

info@paraninfo.es

Introducción del autor

La materia tratada en esta obra es importante para los electricistas que se ocupan del mantenimiento de instalaciones eléctricas en general y, de forma particular, para los que lo hacen en redes eléctricas aéreas de baja tensión (BT).

Mantener una instalación en condiciones de funcionamiento, teniendo en cuenta las consignas de las normas del reglamento, así como las provenientes de leyes, decretos y órdenes, es una garantía de suministro y de calidad.

Se recomienda la lectura de las instrucciones ITC-BT-06 – Redes aéreas para distribución en baja tensión e ITC-BT-11 – Redes de distribución de energía eléctrica. Acometidas.

Para realizar el mantenimiento de una red eléctrica aérea de BT con la calidad exigida, se requiere que el personal que lo realiza tenga la capacidad profesional suficiente como para que le permita diagnosticar, encontrar y reparar las averías, para lo que necesita disponer de la documentación técnica correspondiente.

Este personal será conocedor de la tecnología de este tipo de instalaciones en lo que afecta a los parámetros concretos de la red aérea, como son las normativas sobre cruzamientos, paralelismos y proximidades. Será conocedor también de las redes con cable trenzado, tanto sobre apoyos como en posado, utilizando el procedimiento, las herramientas y los medios de protección y seguridad adecuados para realizar operaciones de sustitución de elementos de la instalación, aisladores, conexiones y derivaciones, etc.

Respecto a la seguridad, recalcar que es un capítulo muy importante en el que el profesional eléctrico debe estar muy involucrado, ya que le tocará intervenir en reparaciones con o sin tensión, y en ambos casos tendrá que aplicar las consignas y las normas establecidas, que debe conocer.

Antes de una intervención, el electricista debe ser capaz de realizar el diagnóstico y la localización de los supuestos de avería en las redes de baja tensión con cable trenzado o desnudo; interpretar los síntomas de la avería, relacionándola con los elementos de la instalación; realizar hipótesis de las posibles causas de la avería, describiendo la relación entre los efectos descritos y las causas de los mismos y, por último, realizar un plan de intervención para detectar la causa o causas de la avería, preparando las pruebas, las medidas y las comprobaciones que sería preciso realizar, especificando los procedimientos y los medios técnicos y de seguridad que sea preciso emplear.

Después de una intervención, el profesional eléctrico debe ser capaz de realizar un parte o informe de las actividades desarrolladas y de los resultados obtenidos.

Como puede deducirse de esta introducción, para realizar estos trabajos, el electricista debe estar bien preparado en esta tecnología, lo que conseguirá con el estudio de la materia que se desarrolla en esta obra y que espero que le ayude a ser un excelente profesional.

El autor

1. Mantenimiento y reparación en redes eléctricas aéreas de BT

Contenidos

Introducción

1.1. Diagnóstico y localización de averías

1.2. Sintomatología, técnicas empleadas
      y características fundamentales

1.3. Normas y procedimientos.
      Normas particulares de la compañía
      suministradora

1.4. Herramientas empleadas
      para el mantenimiento de instalaciones

1.5. Función, utilización y tipos empleados

1.6. Mantenimiento predictivo. Mantenimiento
      preventivo. Mantenimiento correctivo

1.7. Mantenimiento de una línea de BT.
      Medidas y controles. Termografía. Medida
      de resistencia de puesta a tierra, entre otras

1.8. Revisiones de mantenimiento.
      Reconocimiento reglamentario

Actividades finales

INTRODUCCIÓN

En este capítulo se estudia el mantenimiento de redes eléctricas de baja tensión. El mantenimiento de estas líneas de distribución de la energía eléctrica es de **primera necesidad,** si se quiere que los consumidores reciban un suministro con la calidad que determina la Ley 24/2013, de 26 de diciembre, del Sector Eléctrico, tal y como leemos en los artículos 1, 6 y 51:

TÍTULO I de la Ley 24/2013 de 26 de diciembre, del Sector Eléctrico

Disposiciones generales

Artículo 1. Objeto

1. La presente ley tiene por objeto establecer la **regulación del sector eléctrico** con la finalidad de **garantizar el suministro** de energía eléctrica, y de adecuarlo a las necesidades de los consumidores en términos de seguridad, calidad, eficiencia, objetividad, transparencia y al mínimo coste.

2. Son actividades destinadas al suministro de energía eléctrica: generación, transporte, **distribución,** servicios de recarga energética, comercialización e intercambios intracomunitarios e internacionales, así como la gestión económica y técnica del sistema eléctrico.

Artículo 6. Sujetos

En este artículo se señalan, entre otras, las funciones que realizan:

[…]

d) **El transportista,** que es aquella sociedad mercantil que tiene la función de transportar energía eléctrica, así como construir, mantener y maniobrar las instalaciones de transporte y todas aquellas funciones que se recogen en el artículo 36.

e) **Los distribuidores,** que son aquellas sociedades mercantiles o sociedades cooperativas de consumidores y usuarios, que tienen la función de distribuir energía eléctrica, así como construir, mantener y operar las instalaciones de distribución destinadas a situar la energía en los puntos de consumo y todas aquellas funciones que se recogen en el artículo 40.

f) **Los comercializadores,** que son aquellas sociedades mercantiles, o sociedades cooperativas de consumidores y usuarios, que, accediendo a las redes de transporte o distribución, adquieren energía para su venta a los consumidores, a otros sujetos del sistema o para realizar operaciones de intercambio internacional en los términos establecidos en la presente ley.

Reglamentariamente se establecerá el procedimiento y requisitos para ser comercializador de referencia.

g) **Los consumidores,** que son las personas físicas o jurídicas que adquieren la energía para su propio consumo y para la prestación de servicios de recarga energética de vehículos.

Aquellos consumidores que adquieran energía directamente en el mercado de producción se denominarán Consumidores Directos en Mercado.

Artículo 51. Calidad del suministro eléctrico

1. La calidad del suministro eléctrico es el conjunto de características, técnicas y de atención y relación con los consumidores y, en su caso, productores, exigibles al suministro de electricidad de las empresas que realicen actividades destinadas al suministro eléctrico.

   En lo relativo a las características técnicas, la calidad del suministro eléctrico se refiere a la continuidad, al número y duración de las interrupciones, así como a la calidad del producto.

   En lo relativo a las características de la atención y relación con los consumidores y, en su caso, productores, se refiere a la relativa al conjunto de actuaciones de información, asesoramiento, estudios de acceso, conexión, medida, contratación, facturación, comunicación y reclamación.

   Mediante real decreto del Consejo de Ministros se establecerán indicadores individuales y colectivos, y valores objetivo para estos indicadores.

2. El suministro de energía eléctrica deberá ser realizado por las empresas con las características y continuidad que reglamentariamente por el Gobierno se determinen para el territorio español, teniendo en cuenta la diferenciación por zonas a la que se refiere el apartado siguiente.

   Las empresas de energía eléctrica contarán con la capacidad técnica necesaria para garantizar la calidad del servicio exigida reglamentariamente por la Administración General del Estado.

   Las empresas eléctricas y, en particular, las distribuidoras promoverán la incorporación de tecnologías avanzadas en la medición y para el control de la calidad del suministro eléctrico.

1. ¿Qué son las instalaciones de baja tensión (BT)?

Las instalaciones de baja tensión son las que **producen, transforman, transmiten o distribuyen energía eléctrica** con tensiones nominales iguales o inferiores a 1000 V en CA y 1500 V en CC.

Las redes eléctricas de baja tensión pueden ser:

1. **Monofásicas (fase y neutro).** Tensión: 230 V.

2. **Trifásicas (tres fases).** Tensión: 400 V entre fases.

3. **Trifásicas con neutro.** Tensión: 400 V entre fases y 230 V entre fases y neutro.

2. Representación de corrientes monofásicas y trifásicas

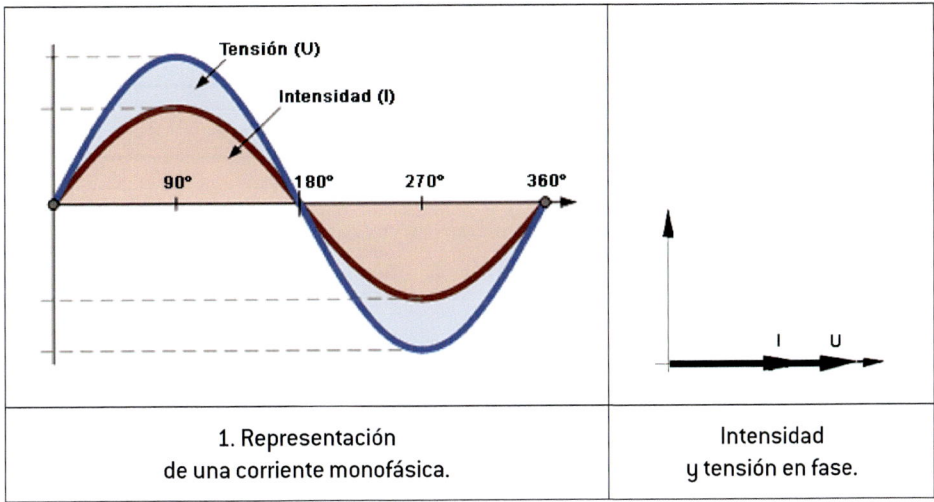

| 1. Representación de una corriente monofásica. | Intensidad y tensión en fase. |

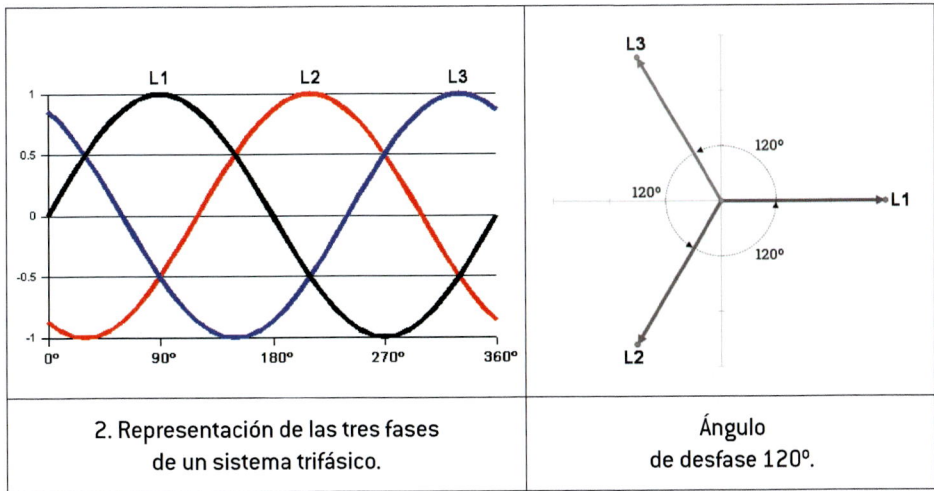

| 2. Representación de las tres fases de un sistema trifásico. | Ángulo de desfase 120°. |

3. Corrientes trifásicas

La energía eléctrica se distribuye, en corriente alterna y para bajas tensiones, a 230 V y 400 V para servicios domésticos y de pequeña y mediana industria o servicios.

Tensiones que deben considerarse en una red trifásica con neutro	

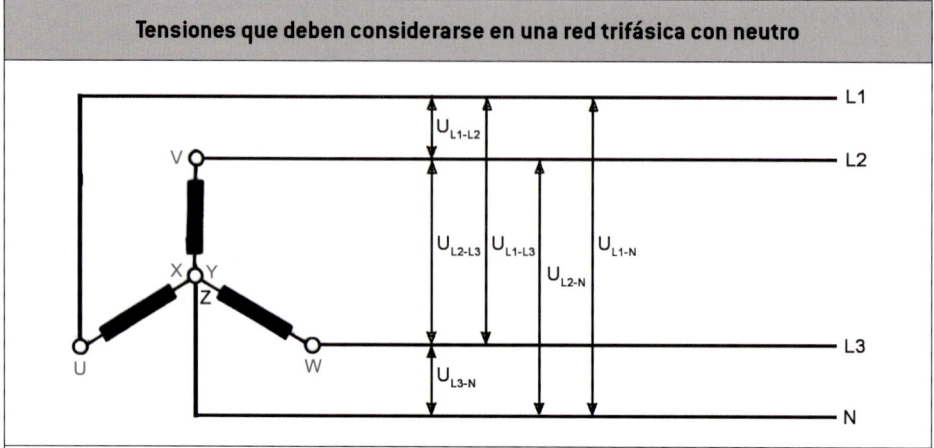

Tensiones: suponiendo que se trate de una red trifásica de 400 V	
Tensiones entre fases	**Tensiones entre fases y neutro**
Tensión U_{L1-L2} : 400 V	Tensión U_{L1-N} : 230 V
Tensión U_{L1-L3} : 400 V	Tensión U_{L2-N} : 230 V
Tensión U_{L2-L3} : 400 V	Tensión U_{L3-N} : 230 V

Ejemplos de distribución de la energía eléctrica

Redes de distribución en media tensión. Pasan a ser redes
de baja tensión después de pasar por transformadores.

4. Aplicaciones de la electricidad

A continuación se muestran algunos ejemplos de las muchas aplicaciones que tiene la energía eléctrica:

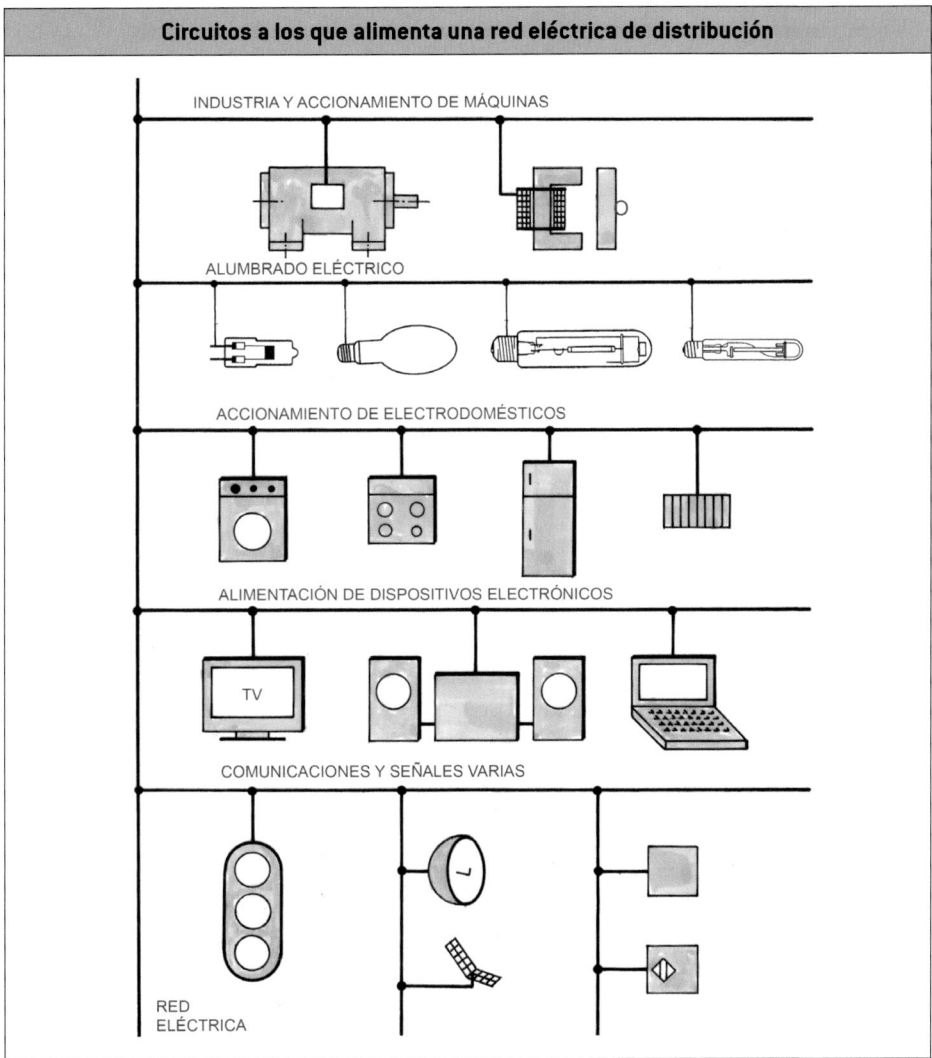

Circuitos a los que alimenta una red eléctrica de distribución

INDUSTRIA Y ACCIONAMIENTO DE MÁQUINAS

ALUMBRADO ELÉCTRICO

ACCIONAMIENTO DE ELECTRODOMÉSTICOS

ALIMENTACIÓN DE DISPOSITIVOS ELECTRÓNICOS

COMUNICACIONES Y SEÑALES VARIAS

RED ELÉCTRICA

5. ¿Qué tipo de mantenimiento se da a las instalaciones eléctricas?

Los tipos de mantenimiento más empleados son: el **correctivo,** el **preventivo** y el **predictivo.**

El mantenimiento es uno de los aspectos fundamentales para el correcto funcionamiento de cualquier tipo de instalación eléctrica. El mantenimiento eléctrico garantiza el cumplimiento de lo que está establecido en las órdenes, disposiciones y procedimientos específicos del cuaderno de cargas de una instalación y lo que se señala en el Reglamento electrotécnico para baja tensión e ITC (REBT) y en otras disposiciones oficiales y normativas.

El mantenimiento mejora el servicio y hace más larga la vida útil de las instalaciones.

6. Redes eléctricas según el REBT, ITC-BT-01. Terminología

El mantenimiento que se estudia en esta obra se aplica a las **instalaciones o redes de distribución aéreas,** que pueden ser **tensadas** o **posadas**.

a) **Red de distribución:** es el conjunto de conductores con todos sus accesorios, sus elementos de sujeción, protección, etc., que une una fuente de energía con las instalaciones interiores o receptoras.

b) **Red posada:** sobre fachada o muros, es aquella en que los conductores aislados se instalan sin quedar sometidos a esfuerzos mecánicos, a excepción de su propio peso.

c) **Red tensada sobre apoyos:** es aquella en que los conductores se instalan con una tensión mecánica predeterminada, contemplada en las correspondientes tablas de tendido, mediante dispositivos de anclaje y suspensión.

d) **Redes de distribución privadas:** son las destinadas, por un único usuario, a la distribución de energía eléctrica en baja tensión (BT) a locales o emplazamientos de su propiedad o a otros especialmente autorizados por el órgano competente de la Administración.

Las redes de distribución privadas pueden tener su **origen:**

— **En centrales de generación propia.**

— **En redes de distribución pública.** En este caso, se aplicarán en el punto de entrega de la energía los preceptos fijados por los reglamentos vigentes que regulen las actividades de distribución, comercialización y suministro de energía eléctrica, y también lo que esté dispuesto en las especificaciones particulares de la empresa eléctrica, si las hubiera, aprobadas oficialmente.

e) **Redes de distribución pública:** son las destinadas al suministro de energía eléctrica en baja tensión a varios usuarios.

En relación con este suministro son de aplicación, para cada uno de ellos, los preceptos fijados por los reglamentos vigentes que regulen las actividades de distribución, comercialización y suministro de energía eléctrica.

Las redes de distribución pública pueden ser:

— Pertenecientes a empresas distribuidoras de energía.

— De propiedad particular o colectiva.

Artículo 8. Redes de distribución, según el REBT

1. Las instalaciones de servicio público o privado cuya finalidad sea la distribución de energía eléctrica se definirán:

   a) Por los valores de la tensión entre fase o conductor polar y tierra y entre dos conductores de fase o polares, para las instalaciones unidas directamente a tierra.

   b) Por el valor de la tensión entre dos conductores de fase o polares, para las instalaciones no unidas directamente a tierra.

2. Las intensidades de la corriente eléctrica admisibles en los conductores se regularán en función de las condiciones técnicas de las redes de distribución y de los sistemas de protección empleados en las mismas.

| 1. Soporte de estructura metálica. | 2. Soporte de hormigón. |

1.1. DIAGNÓSTICO Y LOCALIZACIÓN DE AVERÍAS

Las instalaciones de media tensión (MT), centro de transformación (CT) y baja tensión (BT), son elementos necesarios para el suministro de energía eléctrica a la industria, los servicios y las viviendas. Cualquier problema en este tipo de instalaciones repercute negativamente en el funcionamiento de los receptores, que son los elementos finales de toda instalación.

Cuando se produce una avería en el suministro hay que actuar **con rapidez** para que el tiempo de corte sea el mínimo posible, para lo que se requiere:

- Personal cualificado.

- Instrumentos de medida y control apropiados.

- Herramientas adecuadas.

Cuando se produce una avería de la que desconocemos su causa y el lugar donde se ha producido, hay que proceder a realizar un diagnóstico, examinando todos aquellos datos o información que podamos recoger en el momento en el que se produce la avería.

Por lo tanto, para diagnosticar una avería hay que aplicar un **procedimiento o protocolo de identificación de averías,** que es un conjunto estructurado y organizado de pasos que se siguen sistemáticamente para detectar y diagnosticar el problema, en este caso, en una instalación de distribución aérea.

Las empresas distribuidoras de energía tienen muy bien elaborado este protocolo de actuación para el momento en el que se produce la avería intempestiva y, por tanto, no prevista.

En primer lugar, se debe encontrar la causa de la avería para, a continuación, localizar en el menor tiempo posible el lugar donde se ha producido, a fin de proceder con la mayor rapidez que sea posible y reparar la avería.

La avería se busca aplicando **métodos apropiados al tipo de instalación.**

Las averías más frecuentes en redes aéreas suelen deberse a: factores atmosféricos (rayos, viento, nieve, hielo), caídas de árboles o ramas, acciones contra los soportes, vibraciones producidas en las líneas eléctricas y otras.

La consecuencia de estos accidentes, son:

- Corte de conductores.

- Cortocircuitos entre fases.

- Cortocircuito entre fases y tierra.

- Rotura de aislamientos.

- Corte de conductores.

- Soltarse los cables de su anclaje.

- Rotura de los apoyos (postes o torres).

- Rotura de los aisladores.

En cuanto a la **localización de averías,** las hay que se pueden localizar por mediciones, como son las originadas por el aislamiento y los cortocircuitos. Otras, sin embargo, hay que localizarlas mediante visita al lugar.

- Para localizar un cortocircuito entre fases, o entre fase y tierra o una fase cortada, podemos usar el **medidor de aislamiento.**

- Para la localización del punto aproximado en el que se ha producido el cortocircuito entre fases se emplea el **puente de Wheastone.**

- Para localizar un cortocircuito que se haya producido entre fase y tierra se emplea el **puente de Murray.**

Una vez ubicado el lugar aproximado donde se encuentra la avería de la línea aérea, se determinará el lugar exacto de la avería mediante métodos inductivo y acústico, como son el reflector de impulsos (ecómetro) y el generador de tensiones de choque:

- **Reflector de impulsos (ecómetro):** instrumento de medida que se basa en la reflexión de pequeños impulsos de tensión eléctricos transmitidos a lo largo del conductor. La distancia a la que se encuentra la avería se detecta por el tiempo que transcurre entre el momento del envío del impulso y la recepción de la señal acústica. Además, los ecómetros indican si se trata de un circuito abierto o un cortocircuito.

- **Generador de tensiones de choque:** se utilizan tanto en la fase de prelocalización como en la de determinación del lugar exacto de la avería. La energía acumulada en un condensador de alta tensión se transmite, mediante impulsos, al cable en el que se encuentra la avería. Esto hace que se genere una señal acústica en el punto de la avería que se puede captar por medio de un micrófono y un receptor de audiofrecuencia.

1. Medidor de aislamiento.	2. Aparato de medida: puente de Wheastone.	3. Esquema de puente de Wheastone.

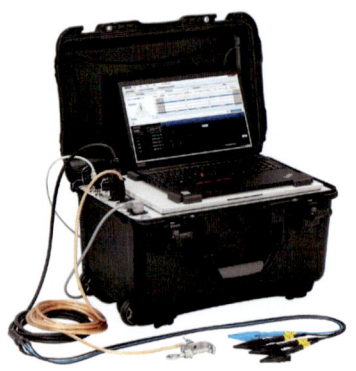

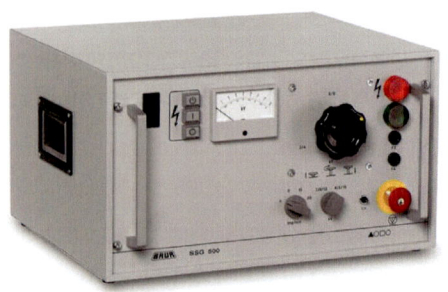

4. Reflectómetro de impulsos IRG 4000 portable. Sirve, en combinación con el software de sistema, para localizar averías en cables monofásicos y trifásicos. Su novedoso concepto de manejo permite localizar averías con mayor movilidad, facilidad y rapidez. La creación de huellas permite trabajar de una manera previsora y con una gestión de datos óptima.	5. El generador de tensiones de choque se usa tanto en la fase de prelocalización como en la de localización definitiva de averías de alta y baja resistencia en cables de transporte y distribución de energía. La energía acumulada en el condensador de alta tensión se suministra a intervalos al cable defectuoso, lo que provoca una señal acústica en el lugar de la avería que puede ser detectada con un micrófono de suelo (geófono) y un amplificador receptor.

1.1.1. Averías en redes de media tensión (MT)

Las instalaciones eléctricas de media tensión son aquellas que generan, transportan, transforman, distribuyen o emplean energía eléctrica con tensiones entre 1 kV y 36 kV. Estas instalaciones de media tensión son consideradas de alta tensión de tercera categoría.

Respecto a la media tensión, las averías más frecuentes se producen por problemas de aislamiento en equipos, aparamenta eléctrica y cables. Los problemas de aislamiento pueden dar lugar a cortocircuitos, con lo que se interrumpe el suministro de energía.

La causa de la rotura o deterioro del aislamiento (dieléctrico) de los cables XLPE y PILC se produce por:

- Actividad de descargas parciales causadas por malas terminaciones o empalmes o a daño superficial en la cubierta semiconductora, debido a impurezas o cavidades en el dieléctrico.

- Rotura térmica, debida a la sobrecarga y al calor que no puede disiparse por los conductores.

- Rotura por perforación eléctrica, producida por estrés eléctrico en el aislamiento.

1.1.2. Averías en los centros de transformación

En estos centros se transforma la media tensión en baja tensión por medio de transformadores, y se dispone para su uso por los consumidores, suministrando la energía eléctrica en alguno de los tres esquemas de distribución que señala la instrucción ITC-BT-08, de Sistemas de conexión del neutro y de las masas en redes de distribución de energía eléctrica:

- Esquema TN.
- Esquema TT.
- Esquema IT.

Los problemas se producen en la aparamenta interior de los centros de transformación, como puede ser en las celdas, en los elementos de maniobra y protección o en los propios transformadores.

A continuación se muestra estos esquemas de distribución de la energía eléctrica en baja tensión:

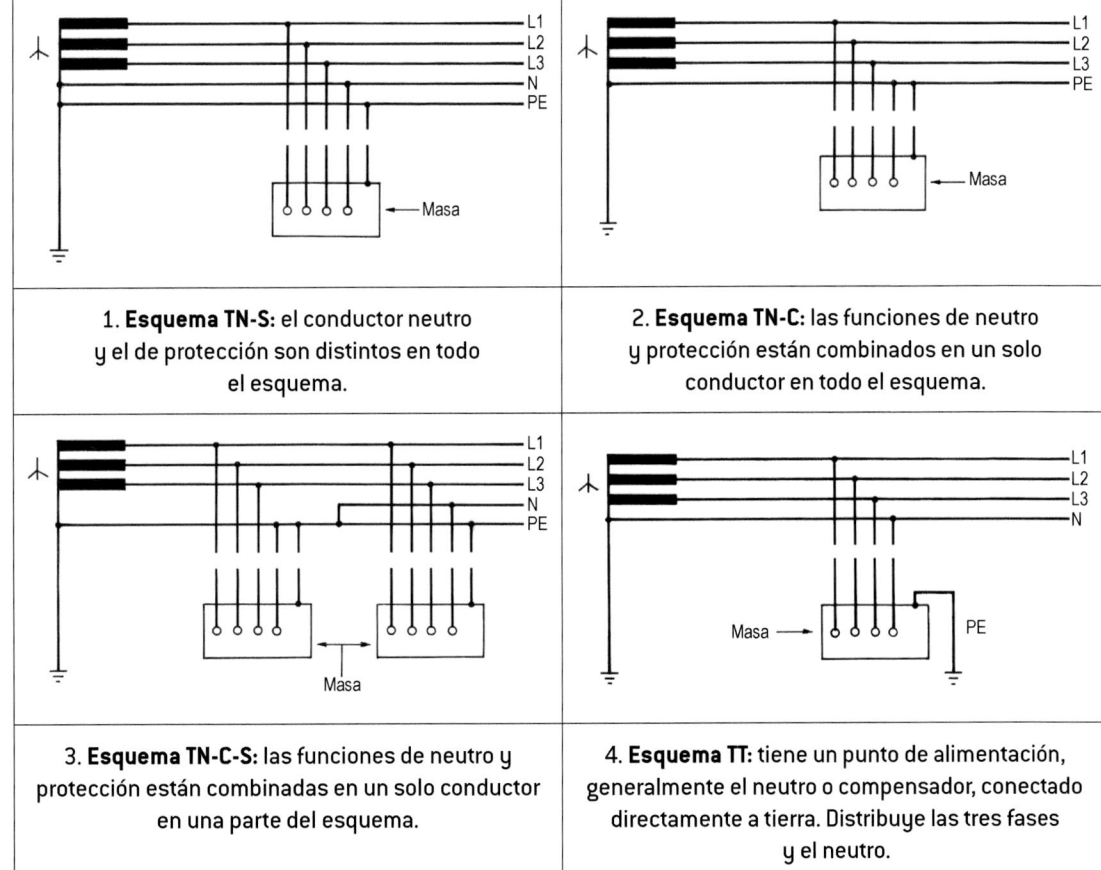

1. **Esquema TN-S:** el conductor neutro y el de protección son distintos en todo el esquema.

2. **Esquema TN-C:** las funciones de neutro y protección están combinados en un solo conductor en todo el esquema.

3. **Esquema TN-C-S:** las funciones de neutro y protección están combinadas en un solo conductor en una parte del esquema.

4. **Esquema TT:** tiene un punto de alimentación, generalmente el neutro o compensador, conectado directamente a tierra. Distribuye las tres fases y el neutro.

5. **Esquema IT:** ningún punto de la alimentación está conectado directamente a tierra. Distribuye las tres fases.

Aplicación de los tres tipos de esquemas

La elección de uno de los tres tipos de esquemas (TN, TT, IT) debe hacerse en función de las características técnicas y económicas de cada instalación. Sin embargo, hay que tener en cuenta los siguientes principios:

a) Las redes de distribución pública de baja tensión tienen un punto puesto directamente a tierra por prescripción reglamentaria. Este punto es el punto neutro de la red. El esquema de distribución para instalaciones receptoras alimentadas directamente de una red de distribución pública de baja tensión es el esquema TT.

b) En instalaciones alimentadas en baja tensión, a partir de un centro de transformación de abonado, se podrá elegir cualquiera de los tres esquemas citados.

c) No obstante lo dicho en a), puede establecerse un esquema IT en parte o partes de una instalación alimentada directamente de una red de distribución pública mediante el uso de transformadores adecuados, en cuyo secundario y en la parte de la instalación afectada se deben aplicar las disposiciones que para tal esquema se citan en el apartado 1.3 de la ITC-BT-08.

1.1.3. Averías en las redes de baja tensión

Recordemos, que según el REBT, son instalaciones de baja tensión aquellas cuya tensión sea igual o inferior a 1000 V en corriente alterna (CA) e iguales o inferiores a 1500 V en corriente continua (CC).

Respecto a las redes de baja tensión, las averías más frecuentes que se producen en las instalaciones son:

- Averías propias de las redes de distribución, provocada en muchos casos por la **falta de aislamiento** que genera cortocircuitos y por tanto, cortes de energía.

- Para las redes que discurren por zonas con masas forestales habrá que realizar **trabajos de tala,** poda, limpieza y cuidado de las zonas por las que discurre la red eléctrica, con la intención de crear corredores de seguridad bajo las líneas que permitan minimizar el riesgo de incendio, entrar en contacto con las ramas y otras incidencias eléctricas.

- **Deficiencia en el funcionamiento de las cajas generales de protección,** es decir, aquella caja donde se alojan los elementos de protección de las LGA (línea general de alimentación) y que señalan el principio de la propiedad de las instalaciones de los usuarios.

- También en este caso, los **defectos de aislamiento** son la causa más común de fallo en equipos, aparamenta eléctrica y cables. La realización de ensayos bajo un programa de mantenimiento programado alargará la vida de los equipos, minimizará el fallo y se evitarán así gastos e inversiones innecesarias.

- Cuando se produce un **fallo en el suministro** de energía eléctrica hay que ponerse en contacto con la empresa con la que se tenga contratado el suministro eléctrico.

- Las compañías suministradoras de energía tienen sus propios **protocolos de seguridad,** que les alertan tanto de posibles fallos como de los fallos en el momento en el que se producen, garantizando así una respuesta inmediata a la incidencia.

Estas revisiones se realizan mediante drones equipados con cámaras de alta resolución en zonas de difícil acceso, ya que así pueden captar imágenes de las líneas y comprobar el estado de las infraestructuras sin interrumpir el suministro.

La fiabilidad que se demanda en la generación y distribución eléctrica se está incrementando en los últimos años.

En el caso de problemas de aislamiento en cables, uno de los objetivos es detectar el desarrollo de arborescencias acuosas (*water trees*) antes de que se produzca un corte en el suministro eléctrico.

Generalmente, la rotura del dieléctrico en cables XLPE y PILC se produce por:

- Actividad de **descargas parciales** debidas a malas terminaciones o empalmes, daño superficial en la cubierta semiconductora debido a impurezas o cavidades en el dieléctrico.

- Rotura **térmica,** debida a la sobrecarga y al calor que no puede ser disipado por los conductores.

- Rotura por **perforación** eléctrica en el aislamiento, producida por estrés eléctrico.

- Para hacer las comprobaciones necesarias a la hora de detectar la avería por aislamiento, se debe **diferenciar** si los cables son de alta tensión o de baja tensión.

1.1.4. Indicaciones en el articulado del REBT

Podemos leer lo siguiente:

Artículo 5. Perturbaciones en las redes

Las instalaciones de baja tensión que pudieran producir perturbaciones sobre las telecomunicaciones, las redes de distribución de energía o los receptores, deberán estar dotadas de los adecuados dispositivos protectores, según se establece en las disposiciones vigentes relativas a esta materia.

Artículo 20. Mantenimiento de las instalaciones

Los titulares de las instalaciones deberán mantener en buen estado de funcionamiento sus instalaciones, utilizándolas de acuerdo con sus características y absteniéndose de intervenir en las mismas para modificarlas. Si son necesarias modificaciones, estas deberán ser efectuadas por una empresa instaladora.

Artículo 21. Inspecciones

Sin perjuicio de la facultad que, de acuerdo con lo señalado en el artículo 14 de la Ley 21/1992, de Industria, posee la Administración pública competente para llevar a cabo, por sí misma, las actuaciones de inspección y control que estime necesarias, el cumplimiento de las disposiciones y requisitos de seguridad establecidos por el presente Reglamento y sus instrucciones técnicas complementarias, según lo previsto en el artículo 12.3 de dicha Ley, deberá ser comprobado, en su caso, por un organismo de control autorizado en este campo reglamentario.

A tal fin, la correspondiente instrucción técnica complementaria determinará:

a) Las instalaciones y las modificaciones, reparaciones o ampliaciones de instalaciones que deberán ser objeto de inspección inicial, antes de su puesta en servicio.

b) Las instalaciones que deberán ser objeto de inspección periódica.

c) Los criterios para la valoración de las inspecciones, así como las medidas a adoptar como resultado de las mismas.

d) Los plazos de las inspecciones periódicas.

Véase Verificaciones e Inspecciones (ITC-BT-05).

Documentación de referencia:

- Real Decreto 614/2001, de 8 de junio, sobre disposiciones mínimas para la protección de la salud y seguridad de los trabajadores frente al riesgo eléctrico. BOE núm. 148, de 21 de junio.

- Real Decreto 842/2002, de 2 de agosto, por el que se aprueba el Reglamento electrotécnico para baja tensión (REBT) y sus cincuenta y dos

Instrucciones Técnicas Complementarias (ITC), en el BOE núm. 224, de 18 de septiembre.

En el REBT, la instrucción ITC-BT-06 se dedica a las redes de distribución en baja tensión.

| 1. Redes aéreas. | 2. Redes posadas sobre fachada. |

1.1.5. Índice de materias tratadas en la ITC-BT-06

Aquí se pueden encontrar las características de las redes aéreas para distribución en baja tensión.

> **Nota.** Se aconseja la lectura de esta instrucción, dado que es **fundamental** en el estudio de la materia a la que hace referencia esta obra.

ITC-BT-06	REDES AÉREAS PARA DISTRIBUCIÓN EN BAJA TENSIÓN

1. Materiales
   1.1. Conductores
      1.1.1. Conductores aislados
      1.1.2. Conductores desnudos
   1.2. Aisladores
   1.3. Accesorios de sujeción
   1.4. Apoyos
   1.5. Tirantes y tornapuntas

2. Cálculo mecánico

2.1. Acciones a considerar en el cálculo

2.2. Conductores

2.2.1. Tracción máxima admisible

2.2.2. Flecha máxima

2.3. Apoyos

3. Ejecución de las instalaciones

3.1. Instalación de conductores aislados

3.1.1. Cables posados

3.1.2. Cables tensados

3.2. Instalación de conductores desnudos

3.2.1. Distancia de los conductores desnudos al suelo y zonas de protección de las edificaciones

3.2.2. Separación mínima entre conductores desnudos y entre estos y los muros o paredes de edificaciones

3.3. Empalmes y conexiones de conductores. Condiciones mecánicas y eléctricas de los mismos

3.4. Sección mínima del conductor neutro

3.5. Identificación del conductor neutro

3.6. Continuidad del conductor neutro

3.7. Puesta a tierra del neutro

3.8. Instalación de apoyos

3.9. Condiciones generales para cruzamientos y paralelismos

3.9.1. Cruzamientos

3.9.2. Proximidades y paralelismos

4. Intensidades máximas admisibles por los conductores

4.1. Generalidades

4.2. Cables formados por conductores aislados con polietileno reticulado (XLPE), en haz, a espiral visible

4.2.1. Intensidades máximas admisibles

4.2.2. Factores de corrección

4.2.3. Intensidades máximas de cortocircuito admisible en los conductores de los cables

4.3. Conductores desnudos de cobre y aluminio

4.4. Otros cables u otros sistemas de instalación

1.1.6. Mantenimiento de redes de distribución de baja tensión

Los elementos de la red de distribución de baja tensión que se deben vigilar y mantener preferentemente son los siguientes:

• Elementos constructivos de la red. Los materiales.

• Aislamientos de la red.

• Seguridades en la línea.

• Puesta a tierra de la instalación.

• La calidad de la electricidad suministrada. Tensión, intensidad, frecuencia, armónicos, etc.

1.1.7. Conservación de los materiales de una red eléctrica aérea

En la construcción de las redes de distribución, bien sean aéreas o posadas, se utilizan diversos materiales que hay que mantener en correcto estado para evitar que se produzca un accidente y se interrumpa el suministro de energía eléctrica. Con este fin, repasamos lo que se lee en el apartado 1 de Materiales, en la ITC-BT-06.

1.1. Conductores

Los conductores utilizados en las redes aéreas serán de cobre, aluminio o de otros materiales o aleaciones que posean características eléctricas y mecánicas adecuadas y serán preferentemente aislados.

1.1.1. Conductores aislados

Los conductores aislados serán de tensión asignada no inferior a 0,6/1 kV y tendrán un recubrimiento tal que garantice una buena resistencia a las acciones de la intemperie y deberán satisfacer las exigencias especificadas en la norma UNE 21.030.

La sección mínima permitida en los conductores de aluminio será de 16 mm^2, y en los de cobre de 10 mm^2. La sección mínima correspondiente a otros materiales será la que garantice una resistencia mecánica y conductividad eléctrica no inferiores a las que corresponden a los de cobre anteriormente indicados.

POSIBLES AVERÍAS:

- En los conductores aislados.
- Degradación del aislamiento por maltrato en el montaje.
- Degradación del aislamiento por envejecimiento.
- Degradación del aislamiento del cable en los empalmes y terminales.
- Problema por efecto de vibraciones. Revisión de los sistemas antivibratorios. Las vibraciones debilitan el trenzado de los hilos generando rozamientos y tensiones internas que pueden ocasionar la rotura del aislamiento y del conductor.
- Modificación de las flechas. Problemas de tensión mecánica.

Nota. Para mejor información se recomienda la lectura de la *Guía NRZ002 – Guía de interpretación Especificaciones Particulares para Instalaciones de Distribución en Baja Tensión. Líneas Aéreas de Baja Tensión.* 4.ª edición, de febrero de 2024.

Respecto a la conservación de las redes aéreas, en el documento de *Especificaciones Particulares de e-distribución NRZ002 – Especificaciones Particulares para Instalaciones de Distribución en Baja Tensión* (1.ª edición - abril 2020), se lee:

Tensado

Esta operación, posterior a la de tendido, consiste en regular la flecha aproximada de los cables, previo amarre de estos en uno de sus extremos por medio de la pinza de amarre correspondiente, sin sobrepasar nunca la tensión de flecha. En caso de que la serie esté formada por más de un cantón, la tensión a la que llevará toda la serie será inferior a la menor de todos los cantones.

Las operaciones de tensado podrán realizarse con un cabrestante, tráctel o cualquier otro tipo de maquinaria o útil adecuado, que estará colocado a una distancia horizontal mínima del apoyo de tense, igual a dos veces y media la altura del mismo, de tal manera que el ángulo que formen las tangentes de entrada y salida del cable piloto a su paso por la polea no sea inferior a 150º.

Todas las maniobras se harán con movimientos suaves y nunca se someterán los cables a sacudidas.

Los cables deberán permanecer sin amarrar un máximo de 48 horas, colocados en su flecha sobre poleas antes del regulado, al objeto que se produzca el asentamiento de los cables.

Regulado y medición de flechas

Una vez que se haya producido el asentamiento de los cables, se procederá a la operación de regulado, que consiste en poner los cables a la flecha indicada en las tablas de tendido para la temperatura del cable en ese momento. Para la determinación de la temperatura se utilizará un termómetro centesimal.

La operación de regulado se realizará por medio de *pull-lifts* o trácteles en la cruceta punto de amarre o cabrestante situado en el punto de tiro del cable.

La medición de las flechas deberá realizarse con aparatos topográficos de precisión o un dispositivo óptico similar.

El contratista tendrá la responsabilidad de la medición de flechas para la regulación de los cables, la cual se ejecutará con los medios y procedimientos adecuados, incluso aportando el personal y los vehículos necesarios por si las condiciones del terreno y la situación de los apoyos requiriesen la utilización de taquímetro.

Amarre de los cables

En las operaciones de amarre se evitará el uso de herramientas que pudieran dañar los cables.

Tala y poda de arbolado

Cuando sea preciso, se procederá a la tala y poda del arbolado colindante con la servidumbre de la LABT. Previamente a realizar las tareas de tala y poda se recabarán los permisos pertinentes.

Instalación de cables posados sobre fachada

Los cables directamente posados sobre fachadas o muros se colocarán mediante abrazaderas fijadas a los mismos y resistentes a las acciones de la intemperie. Los cables se protegerán adecuadamente en aquellos lugares en que puedan sufrir deterioro mecánico de cualquier índole.

En los espacios vacíos (cables no posados en fachada o muro) los cables tendrán la condición de tensados y se regirán por lo indicado para la instalación de cables tensados.

En general deberá respetarse una altura mínima al suelo de 2,5 metros. Lógicamente, si se produce una circunstancia particular como la señalada en el párrafo anterior, la altura mínima deberá ser de 4 metros, salvo lo especificado en el apartado para cruzamientos para cada caso en particular. En los recorridos por debajo de esta altura mínima al suelo (por ejemplo, para acometidas) deberán protegerse mediante elementos adecuados, conforme a lo indicado en el apartado 1.2.1 de la ITC-BT-11, evitándose que los cables pasen por delante de cualquier abertura existente en las fachadas o muros.

En las proximidades de aberturas en fachadas deben respetarse las siguientes distancias mínimas:

- **Ventanas:** 0,30 metros al borde superior de la abertura y 0,50 metros al borde inferior y bordes laterales de la abertura.

- **Balcones:** 0,30 metros al borde superior de la abertura y 1,00 metros a los bordes laterales del balcón.

Se tendrán en cuenta la existencia de salientes o marquesinas que puedan facilitar el posado de los cables, pudiendo admitir, en estos casos, una disminución de las distancias antes indicadas.

Así mismo se respetará una distancia mínima de 0,05 metros a los elementos metálicos presentes en las fachadas, tales como escaleras, a no ser que el cable disponga de una protección conforme a lo indicado en el apartado 1.2.1 de la ITC-BT-11.

La distancia mínima entre el suelo y una canalización aérea tensada será de 2,5 m.

Los cables en las bajadas de los apoyos estarán protegidos con tubos de grado de protección contra impacto IK 08, según Norma UNE EN 50102, hasta una altura mínima de 2,5 m sobre la rasante del terreno.

1.1.2. Conductores desnudos

Los conductores desnudos serán resistentes a las acciones de la intemperie y su carga de rotura mínima a la tracción será de 410 daN, debiendo satisfacer las exigencias especificadas en las normas UNE 21.012 o UNE 21.018, según que los conductores sean de cobre o de aluminio.

Se considerarán como conductores desnudos aquellos conductores aislados para una tensión nominal inferior a 0,6/1 kV.

Su utilización tendrá carácter especial debidamente justificado, excluyendo el caso de zonas de arbolado o con peligro de incendio.

POSIBLES AVERÍAS:

- Rotura de un cable por varias causas.
- Soltarse un cable del amarre al aislador.
- No tener la altura desde el suelo señalada en el REBT.
- Deterioro del metal con el paso del tiempo.
- Cortocircuito con otro conductor o conductores.
- Entrar en contacto con ramas o vegetación.
- Atención a cruzamiento con otras líneas.
- Atención a cruzamiento con diferentes obstáculos, ríos, canales, vías de ferrocarril, carreteras, caminos, etc.).

1.2. Aisladores

Los aisladores serán de porcelana, vidrio o de otros materiales aislantes equivalentes que resistan las acciones de la intemperie, especialmente las variaciones de temperatura y la corrosión, debiendo ofrecer la misma resistencia a los esfuerzos mecánicos y poseer el nivel de aislamiento de los aisladores de porcelana o vidrio.

La fijación de los aisladores a sus soportes se efectuará mediante roscado o cementación a base de sustancias que no ataquen ninguna de las partes, y que no sufran variaciones de volumen que puedan afectar a los propios aisladores o a la seguridad de su fijación.

POSIBLES AVERÍAS:

- Con la presencia de elementos contaminantes, los aisladores pueden perder el grado de aislamiento, llegando a producir un arco entre el aislador y la cruceta que produce la rotura del mismo.

- Las bandadas de pájaros sobre un cable ocasionan excrementos que se depositan en cables y aisladores, dando lugar a la pérdida o reducción de aislamiento.

- Los aisladores pueden ser de dos tipos: de cadena o rígidos. Ambos son elementos necesarios en las líneas de alta tensión para servir de soporte directo al conductor y al mismo tiempo aislarlo de tierra. Los aisladores deben soportar las tensiones a las que se encuentra sometida la línea y evitar que se produzca un arco eléctrico bajo circunstancias atmosféricas adversas, tales como la lluvia, nieve, polución, etc., y para casos especiales del tipo de nieblas salinas o aire químicamente cargado.

El aislador se puede unir al soporte de forma fija o mediante rosca que facilite su sustitución en caso de avería. Para aumentar el nivel de aislamiento en los sistemas rígidos se le confieren a la campana del aislador una serie de ondulaciones inclinadas hacia abajo, de forma que aumente la superficie de aislamiento.

1.3. Accesorios de sujeción

Los accesorios que se empleen en las redes aéreas deberán estar debidamente protegidos contra la corrosión y envejecimiento, y resistirán los esfuerzos mecánicos a que puedan estar sometidos, con un coeficiente de seguridad no inferior al que corresponda al dispositivo de anclaje donde estén instalados.

POSIBLES AVERÍAS:

- Caída de un cable por varios motivos.

- Oxidación de herrajes.

- Rotura de soportes de cables.

- Rotura del cable fiador.

- Rotura o aflojado de tensores.

- Contacto defectuoso de una derivación.

- Rotura de la tornillería u otro elemento de herrajes y elementos de los conjuntos que se citan a continuación.

a) **Herrajes y elementos de los conjuntos.** Herrajes y accesorios para líneas aéreas de baja tensión, con conductores aislados en haz.

    1. Tornillería en general.

    2. Cáncamos

    3. Palomillas de suspensión.

    4. Espárragos roscados con doble tuerca y arandelas.

    5. Pletina recta con anilla.

6. Cuadradillo de anclaje con anilla.

7. Pletina en escuadra con anilla.

8. Vástago expatillado de anilla para empotrar.

9. Herraje reforzado para anclaje de red, en postes «gemelos».

10. Herraje reforzado para anclaje de red, en poste.

11. Guardacabos abiertos.

12. Elementos de fijación o amarre del neutro fiador.

    12.1. Retención preformada.

    12.2. Pinza de acuñamiento cónico.

13. Retención preformada para cable desnudo de acero.

14. Pinza de suspensión o ángulo pequeño.

15. Pinzas para anclaje de acometidas.

16. Soporte con abrazadera simple y taco para haces con fiador.

17. Soportes con abrazadera y taco para haces de acometida.

18. Soportes con doble abrazadera y taco para haces con fiador.

19. Otros herrajes.

b) Accesorios del conductor y de los apoyos

1. Brida dentada aislante (abrazadera).

2. Abrazadera de doble suspensión.

3. Abrazadera plastificada de doble collar para postelete.

4. Varillas de sustentación.

5. Manguito de conexión por compresión.

6. Grapa paralela de conexión para cable de acero.

7. Elementos de conexión por compresión para derivación.

    7.1. Por engastado y sin aislamiento (conectores).

    7.2. Por tornillería calibrada con perforación del aislamiento (conector aislado).

8. Manguito de empalme para neutro fiador aislado.

9. Manguito empalme para cable desnudo de acero.

10. Herraje soporte caja general de protección BT.

11. Herraje anclaje de riostra.

12. Otros herrajes.

1.4. Apoyos

Los apoyos podrán ser metálicos, de hormigón, madera o de cualquier otro material que cuente con la debida autorización de la autoridad competente, y se dimensionarán de acuerdo con las hipótesis de cálculo indicadas en el apartado 2.3 de la presente instrucción.

Deberán presentar una resistencia elevada a las acciones de la intemperie, y en el caso de no presentarla por sí mismos, deberán recibir los tratamientos adecuados para tal fin.

Apoyos de madera

POSIBLES AVERÍAS:

- Los principales causantes de la putrefacción de la parte enterrada de los postes son los hongos.

- Inclemencias del tiempo y a la actividad de las plagas.

- Daños causados por tormentas, vientos fuertes o cambios bruscos de temperatura que pueden afectar la madera o los materiales compuestos de los postes.

- Efectos causados en la madera por insectos y roedores.

- Falta de marcas o señales.

MANTENIMIENTO:

- Revisiones periódicas de aspecto.

- Las condiciones climáticas extremas, como la alta humedad, fuertes vientos, hielo, nieve o exposición salina, pueden requerir inspecciones más frecuentes.

Apoyos de hormigón

POSIBLES AVERÍAS:

Los apoyos de hormigón son resistentes a los agentes atmosféricos. Sin embargo, pueden sufrir la degradación propia del envejecimiento.

MANTENIMIENTO:

- Por lo general no es necesario realizar una tarea de mantenimiento específica, y simplemente se evitará el contacto de elementos que puedan producir la corrosión o el deterioro de los mismos.

- En los sitios en que haya tránsito de vehículos, protegerlos contra posibles impactos.

Apoyos metálicos

POSIBLES AVERÍAS:

En los apoyos metálicos pueden aparecer oxidaciones en elementos o partes en aquellas zonas donde el tratamiento de galvanizado ha perdido su efecto anticorrosivo.

MANTENIMIENTO:

- Es necesario efectuar inspecciones visuales periódicas.

- En aquellas zonas donde se detecte óxido en las partes metálicas de un apoyo, deberán lijarse para eliminar los restos de óxido y pintarse con pintura anticorrosiva.

- Los medios para tratar el óxido en una estructura de acero galvanizada consisten en la imprimación con minio y pintura alumínica en aquellas partes donde se ha producido la oxidación del metal.

1.5. Tirantes y tornapuntas

Los tirantes estarán constituidos por varillas o cables metálicos, debidamente protegidos contra la corrosión, y tendrán una carga de rotura mínima de 1400 daN.

POSIBLES AVERÍAS:

a) **En tirantes:** hay que vigilar la verticalidad de los postes que incorporan tirantes, el estado de los tirantes y si tienen las tensión adecuada.

b) **En tornapuntas:** los postes con tornapuntas contribuyen a mantener la integridad estructural de la red eléctrica, especialmente cuando se dan cambios de dirección en los cables y los postes se ven sometidos a grandes esfuerzos.

MANTENIMIENTO:

Hay que vigilar el estado del poste de apoyo, su anclaje y si el poste principal tiene la verticalidad correcta.

1.1.8. Instrumentos de medida de longitud y altura

Para medir distancias entre apoyos y altura de los cables sobre el terreno, o sobre otros conductores, se emplean diferentes instrumentos de medida, como pueden ser algunos de los que se representan a continuación:

1. Cinta métrica (100 m) o de agrimensor.	2. Odómetro de rueda.	3. Distanciómetro o medidor láser para medir distancias.	4. Altímetro funcional. Mide la altitud, presión y velocidad del viento.
5. Brújula de precisión utilizada como teodolito simple.	6. Teodolito.	7. Equipo topográfico electroóptico.	8. Altímetro. Medidor de altura de cables.

1.1.9. Seccionadores de redes aéreas

El seccionamiento de una red de distribución aérea puede ser una operación de retraimiento en caso de intervención por mantenimiento o por motivos de seguridad en una situación concreta. Para efectuar el seccionamiento en redes de media y baja tensión se emplean seccionadores o interruptores-seccionadores.

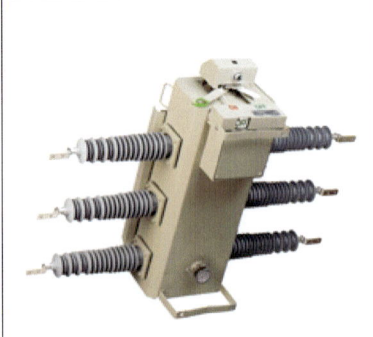

Interruptor-seccionador de tensión mediana aislado en el SF6 con corte en carga manual, o bien telecontrolado hasta 36 kV. Instalación en red aérea.

Empleado en:

- Electrificación rural.
- Red de distribución aérea.
- Red con fuertes construcciones (abundantes comunicaciones, entorno climático severo).
- Red aérea con medición de MT.

1.1.10. Localización de las averías debidas a cortocircuitos

Las averías más frecuentes en las redes de baja tensión son las debidas a **cortocircuitos:**

- Cortocircuito entre conductores.
- Cortocircuito entre conductores y tierra.
- Rotura o corte de conductores por causas varias.
- Problemas de aislamiento que dan lugar a cortocircuitos y derivaciones a tierra.

Para localizar una determinada avería en la red de baja tensión, el **procedimiento** más seguro es el que se indica a continuación, empleando un ohmímetro como instrumento de medida:

1. Abrir los circuitos en cabecera (centro de transformación) y final de línea.

2. En el extremo que proceda, cabecera o final de línea, se medirá el aislamiento.

   Si el valor obtenido demuestra que el aislamiento es muy bajo, se tendrá una alta certeza de que la avería proviene de un cortocircuito entre fases o entre fase y neutro o entre fase y tierra.

3. Para asegurarse de si el problema está en un cortocircuito entre fase y tierra, se medirá el aislamiento entre fase y tierra de cada una de las fases. Si el resultado de la medida da un aislamiento muy pequeño, se puede deducir que se trata de un cortocircuito entre una fase y tierra.

4. Por otro lado, para saber si un conductor está cortado se procederá como sigue:

   — Cortocircuitar un extremo de la línea y medir por el otro extremo el aislamiento entre fases. Si se obtiene un valor de aislamiento muy elevado, será un indicativo de que una de las fases está cortada.

   — En estos casos, habrá que proceder a buscar el punto en el que se ha producido el cortocircuito, o el corte de uno de los conductores.

1.2. SINTOMATOLOGÍA, TÉCNICAS EMPLEADAS Y CARACTERÍSTICAS FUNDAMENTALES

En este apartado se estudia la sintomatología de las averías que se producen en las redes de distribución y las técnicas empleadas para su localización y su reparación.

Por **sintomatología** debe entenderse el conjunto de síntomas o indicios de que algo no está bien; en nuestro caso, el hecho de que un elemento o varios de la red de distribución puedan tener un problema que les cause una avería.

1.2.1. Averías eléctricas en redes de distribución

Las redes de distribución eléctrica son fundamentales en el suministro de energía eléctrica a viviendas, servicios, alumbrado, empresas y comunidades en general, por lo que hay que hacerlas seguras y fiables mediante un correcto y estudiado mantenimiento.

Debido a diversos factores, estas redes están sujetas a una variedad de averías eléctricas que pueden interrumpir el suministro y causar inconvenientes a los usuarios.

Las medidas preventivas pueden ayudar a minimizar la frecuencia y gravedad de las averías eléctricas.

a) Tipos de averías eléctricas en redes de distribución

A continuación, se analizan las principales averías que se dan en las redes de distribución de la energía eléctrica.

Como se ha dicho, la misión de las redes eléctricas es trasportar la energía eléctrica hasta su consumidor final, que se debe suministrar en las mejores condiciones de calidad y servicio.

Incidencia	Descripción	Consecuencia
Fallo en el aislamiento de los conductores	Es una de las averías más comunes en el aislamiento de las redes de distribución, cuya causa puede ser el envejecimiento natural, factores ambientales (frío y calor, humedad, hielo y nieve, granizo, acción de roedores), etc.	Puede ser el origen de cortocircuitos, sobrecargas y otros problemas. Puede ser la causa de cortes de suministro, incendios, etc.
Fallo en los aisladores	Mal estado de los mismos o degradación por envejecimiento.	Pueden darse derivaciones a tierra y riesgo de accidente eléctrico.

Incidencia	Descripción	Consecuencia
Descarga de rayos	Es una avería que puede darse por factores ambientales, repercutiendo en conductores, aisladores y estructuras.	Sobretensión que puede afectar a los conductores, a los equipos eléctricos y a los receptores. Posible interrupción del suministro.
Sobrecargas	Por exceso de demanda.	Calentamiento en aislamientos y conductores, que pueden provocar un deterioro del aislamiento, caída de tensión, etc.
Cortocircuitos por diferentes causas	Es cuando se produce un contacto directo entre dos conductores activos de la red por diferentes causas. Los cortocircuitos entre fases, entre fases y neutro y entre fases y tierra.	La causa está en un fallo de aislamiento, que puede dar lugar a un corte de suministro, daños en equipos eléctricos, etc.
Desequilibrio de tensión entre fases	La causa puede estar en que el reparto de las cargas monofásicas no sea el correcto.	Caídas de tensión y funcionamiento defectuoso de los receptores.
Interrupciones breves	Es el disparo de interruptores de protección por varias causas.	Aunque el tiempo de disparo sea breve, se puede producir la interrupción del suministro.
Fallos en el transformador	El transformador puede tener defectos de funcionamiento por distintas causas, como son el aislamiento, puesta a tierra, puesta a tierra del neutro, exceso de carga o demanda, fallos de refrigeración, descarga del rayo, etc.	Suministro a la red de distribución de energía eléctrica de mala calidad. Calentamiento de los devanados del transformador, caídas de tensión, etc.
Corte de conductores	Por accidentes, por sobrecarga (peso) o tensión mecánica.	Corte de suministro y riesgo eléctrico.
Caídas de árboles, ramas y otros objetos	Rotura de cables y fiador (corte), aisladores, anclajes, etc.	Corte de suministro y riesgo eléctrico para personas y animales. Posibles incendios.
Accidentes varios	Por ejemplo, vandalismo, anidación de aves, fallos del terreno, inundaciones, choque de vehículos, caída de otros cables, etc.	Depende de la gravedad.
Vibraciones en postes o torres	Debido a la fuerza del viento con riesgo de rotura de la torre y de los soportes de cables con posible caída.	Posible corte de suministro de larga duración.
Averías en los centros de transformación	Problemas que se producen en la aparamenta interior de los centros de transformación, como pueden ser en las celdas o en los transformadores.	Pueden dar lugar a interrupciones en el suministro.

Incidencia	Descripción	Consecuencia
Demanda excesiva de energía	Problemas para el centro de transformación con riesgo para el transformador.	Posible corte de suministro.
Averías en postes	Por envejecimiento, por oxidación, caída de rayo, fuerza del viento, peso del hielo o nieve, por accidentes de vehículos, etc.	Caída de postes con rotura (corte) de los conductores dando lugar a corte de suministro.
Averías en los herrajes	La rotura de herrajes puede deberse a oxidación, rotura por exceso de tensión, mal dimensionado, montaje defectuoso, etc.	Caída de conductores, o quedar sueltos sujetos al empuje del viento, al peso del hielo que se forma con la lluvia y nieve, etc.

b) Otros defectos de suministro

- Fluctuaciones en la tensión:
  - Bajadas de tensión.
  - Subidas de tensión.
- Picos de corriente.
- Interferencias electromagnéticas.
- Corrientes parásitas y armónicos.
- Deficiencias por las variaciones de frecuencia.

1.2.2. Trabajos de mantenimiento en redes de distribución

Los trabajos de mantenimiento preventivo de las redes de distribución se basan en el **control y las revisiones** de las mismas, empleando tanto los medios como los métodos modernos que ahora disponen las empresas que realizan el mantenimiento, sea la propia compañía que realiza la distribución o las empresas que se pueden contratar con este fin.

Revisión de las redes de distribución

Las instalaciones deben ser revisadas periódicamente, para lo que se emplean diferentes medios que faciliten y hagan más eficaz el trabajo y sus resultados, como son:

- Revisiones con drones equipados con cámaras de alta resolución en zonas de difícil acceso, que permiten captar imágenes de las líneas y comprobar el estado de las infraestructuras sin interrumpir el suministro.

- Revisiones exhaustivas de todas las instalaciones: líneas de alta, media y baja tensión, subestaciones, sistemas de protección y telecontrol, centros de distribución, etc., mediante control de la instrumentación de la red.

- Revisiones mediante cámaras de infrarrojos instaladas en helicópteros en inspecciones termográficas, que son capaces de detectar elementos con una temperatura más elevada de lo normal.

- Visitas periódicas a la totalidad de las redes, bien sea utilizando vehículos o caminando a lo largo de la red, tomando nota de todo aquello que se vea en mal estado o que pueda estarlo con relativa brevedad.

- Revisión terrestre con vehículos todoterreno con equipamiento similar al de los helicópteros.

- Las redes de distribución se supervisan continuamente desde el centro de operación de red, donde se controlan los valores de tensión e intensidad. Ante un posible caso en el que se produzca una derivación o falta en la red, los sistemas de protección detectan la incidencia y, en caso necesario, desconectan la línea de la red general para proceder a su reparación.

- Uno de los problemas que debe vigilarse es el arbolado y la vegetación en general, pues puede invadir la servidumbre que tienen las líneas y provocar disparos intempestivos.

Se realizará la tala y poda de la vegetación cuando haya riesgo para la red eléctrica.

- Los cortafuegos son necesarios en muchas ocasiones y deberán estar cuidados en todo momento.

- Otro tema que debe vigilarse son las distancias de los conductores al terreno o a otros puntos de conflicto, como pueden ser otras líneas eléctricas, carreteras, edificaciones, ferrocarriles, etc., comprobando que se mantienen en los límites reglamentarios.

- Un punto que también debe verificarse son los problemas que puede ocasionar la avifauna en la posible anidación y en la degradación de los materiales a causa de los excrementos que puedan depositar.

- Unas causas de accidentes e incidencias conocidas son los temporales de viento o lluvia que afectan a las redes aéreas, ramas de árboles que tocan los conductores al caer, instalaciones de terceros conectadas a la red, tormentas, etc.

- Se debe controlar el estado de conservación de las estructuras metálicas frente a la corrosión y darles el tratamiento de protección anticorrosiva cuando así convenga.

- En cuanto a los postes de madera, aunque estén tratados, es posible que precisen de un mantenimiento frente a su degradación por efectos de la humedad y de las inclemencias atmosféricas.

- Los aisladores de vidrio se ensucian, pierden propiedades y se envejecen, por lo que se limpiarán periódicamente y se sustituirán cuando su degradación dé lugar a la pérdida de aislamiento.

- A los cables conductores, terminales y conexiones, se les hará una revisión termográfica periódicamente con la red bajo tensión, procediendo en función del estado en que se encuentren.

- Las averías más frecuentes en las redes eléctricas son ocasionadas por la meteorología invernal adversa (viento, agua, hielo, nieve).

- Puede encontrarse borrada la numeración de algunos postes en el trazado de la red, o la pérdida de señales de peligro.

- Las redes de distribución se supervisan continuamente desde el centro de operación de red, donde se controlan los valores de tensión e intensidad.

- Ante un posible caso en el que se produzca una derivación o falta en la red, los sistemas de protección detectan la incidencia y, en caso necesario, desconectan la línea de la red general para proceder a su reparación.

- La supervisión visual de las redes de distribución debe hacerse de forma continuada y programada, para detectar averías o posibles riesgos.

1.2.3. Revisión y mantenimiento de las redes eléctricas posadas sobre fachada

Repasamos lo que dice la *Guía de interpretación NRZ002 – Especificaciones Particulares para Instalaciones de Distribución en Baja Tensión de $U_n \leq$ ≤ 1.000 V*, 4.ª edición, de febrero del 2024, publicado por e-distribución.

Hay que verificar que las instalaciones se corresponden con las características recogidas en la *Guía de interpretación NRZ002 – Especificaciones Particulares para Instalaciones de Distribución en Baja Tensión de $U_n \leq 1.000$ V*, así como lo señalado en el REBT.

Instalación de cables posados sobre fachada

Los cables directamente posados sobre fachadas o muros se colocarán mediante abrazaderas fijadas a los mismos y resistentes a las acciones de la intemperie. Los cables se protegerán adecuadamente en aquellos lugares en que puedan sufrir deterioro mecánico de cualquier *índole*.

En los espacios vacíos (cables no posados en fachada o muro) los cables tendrán la condición de tensados y se regirán por lo indicado para la instalación de cables tensados.

En general deberá respetarse una altura mínima al suelo de 2,5 metros. Lógicamente, si se produce una circunstancia particular como la señalada en el párrafo anterior, la altura mínima deberá ser de 4 metros, salvo lo especificado en el apartado para cruzamientos para cada caso en particular. En los recorridos por debajo de esta altura mínima al suelo (por ejemplo, para acometidas) deberán protegerse mediante elementos adecuados, conforme a lo indicado en el apartado 1.2.1 de la ITC-BT-11, evitándose que los cables pasen por delante de cualquier abertura existente en las fachadas o muros.

En las proximidades de aberturas en fachadas deben respetarse las siguientes distancias mínimas:

- **Ventanas:** 0,30 metros al borde superior de la abertura y 0,50 metros al borde inferior y bordes laterales de la abertura.

- **Balcones:** 0,30 metros al borde superior de la abertura y 1,00 metros a los bordes laterales del balcón.

Se tendrán en cuenta la existencia de salientes o marquesinas que puedan facilitar el posado de los cables, pudiendo admitir, en estos casos, una disminución de las distancias antes indicadas.

Así mismo se respetará una distancia mínima de 0,05 metros a los elementos metálicos presentes en las fachadas, tales como escaleras, a no ser que el cable disponga de una protección conforme a lo indicado en el apartado 1.2.1 de la ITC-BT-11.

Instalación de cables posados
sobre fachada.

1.3. NORMAS Y PROCEDIMIENTOS. NORMAS PARTICULARES DE LA COMPAÑÍA SUMINISTRADORA

Para la conservación y mantenimiento de las redes eléctricas se aplicará el reglamento electrotécnico para baja tensión (REBT) y las normas particulares de la compañía suministradora responsable en una determinada instalación.

El artículo 14 del REBT señala, respecto a las normas particulares de las compañías suministradores:

Artículo 14. Especificaciones particulares y Proyectos tipo de las empresas distribuidoras

1. Las empresas distribuidoras de energía eléctrica podrán proponer especificaciones particulares sobre la construcción y montaje de acometidas, líneas generales de alimentación, instalaciones de contadores y derivaciones individuales. Estas especificaciones serán únicas para todo el territorio de distribución de la empresa distribuidora y recogerán las condiciones técnicas de carácter concreto que sean precisas para conseguir una mayor homogeneidad en la seguridad y el funcionamiento de las redes de distribución y las instalaciones de los consumidores.

   En ningún caso estas especificaciones incluirán marcas o modelos de equipos o materiales concretos que aboquen al consumidor a un único proveedor, ni prescripciones de tipo administrativo o económico, que supongan para el titular de la instalación privada cargas adicionales a las previstas en este reglamento, o en otra normativa que pueda ser de aplicación.

   En todo caso, las especificaciones incluirán la posibilidad de que, ante situaciones debidamente justificadas, previa acreditación de seguridad equivalente, el titular de la instalación pueda dar soluciones alternativas a situaciones concretas en que sea imposible cumplir los requisitos de las especificaciones aprobadas por la Administración.

2. Dichas especificaciones deberán ajustarse, en cualquier caso, a los preceptos del reglamento, y previo cumplimiento del procedimiento de información pública, deberán ser aprobadas y registradas por los órganos competentes de las Comunidades Autónomas, en caso de que se limiten a su ámbito territorial, o por el Ministerio de Industria, Comercio y Turismo, en caso de aplicarse en más de una comunidad autónoma.

3. Una persona técnica competente de la empresa distribuidora de energía eléctrica certificará que las especificaciones particulares cumplen todas las exigencias técnicas y de seguridad reglamentariamente establecidas.

Asimismo, dichas normas deberán contar con un informe técnico de un órgano cualificado e independiente que certificará que dichas especificaciones cumplen con todos los requisitos de la reglamentación de seguridad aplicable a productos e instalaciones de baja tensión, que no se incluyen prescripciones de tipo administrativo o económico que supongan una carga para el titular de la instalación privada y que tampoco se incluyen sobredimensionamientos técnicamente no justificados de la instalación, salvo aquellos derivados de la utilización de las series normalizadas de materiales.

4. Las empresas distribuidoras que quieran proponer las especificaciones particulares, a las que hace referencia el apartado 1, y que no se limiten al ámbito territorial de una única Comunidad Autónoma, deberán remitir solicitud de aprobación al Ministerio de Industria, Comercio y Turismo, acompañada de la siguiente documentación:

a) El texto de las especificaciones para las que se solicita la aprobación.

b) Certificado por persona técnica competente referido en el punto 3.

c) Informe técnico emitido por un organismo cualificado, referido en el punto 3.

d) Listado de las Comunidades Autónomas donde la empresa distribuidora lleve a cabo su actividad.

Presentada la solicitud por medios electrónicos, el Ministerio de Industria, Comercio y Turismo realizará el trámite de información pública de dicha especificación y solicitará informe a la Comisión Nacional de los Mercados y la Competencia, al órgano competente de las Comunidades Autónomas en las que la empresa distribuidora desarrolle su actividad y a la Secretaría de Estado de Energía del Ministerio para la Transición Ecológica y el Reto Demográfico.

Recibidos los informes, o cumplido el plazo marcado en el artículo 80 de la Ley 39/2015, de 1 de octubre, del Procedimiento Administrativo Común para su emisión, procederá a su aprobación siempre que se garantice el cumplimiento reglamentario, la uniformidad de los requisitos en todas las zonas de implantación de la empresa de distribución y que no se adopten barreras técnicas que aboquen al consumidor a un único proveedor, publicándose la resolución correspondiente en el «Boletín Oficial del Estado».

Una vez presentadas las especificaciones ante el Ministerio de Industria, Comercio y Turismo, junto con los documentos mencionados, el plazo para la aprobación será de tres meses, considerándose el silencio administrativo como aprobatorio.

5. Las normas así aprobadas se publicarán en la página web del Ministerio de Industria, Comercio y Turismo, sin perjuicio de la publicidad que las empresas de distribución hagan de las mismas.

6. En caso de modificación o ampliación de especificaciones ya aprobadas, la empresa de distribución de energía eléctrica solicitará aprobación de la ampliación o modificación de dichas especificaciones, siguiendo el mismo procedimiento indicado anteriormente.

7. Igualmente las empresas distribuidoras, para aquellas instalaciones, o parte de las mismas, de carácter repetitivo, propiedad de las empresas distribución de energía eléctrica y que requieren proyecto de acuerdo a lo establecido en la ITC-BT 04, podrán proponer proyectos tipo para su aprobación por los órganos competentes de las Comunidades Autónomas, en caso de que se limiten a su ámbito territorial, o por el Ministerio de Industria, Comercio y Turismo, en caso de aplicarse en más de una comunidad autónoma. La aprobación de los proyectos tipo seguirán el procedimiento descrito en este artículo para las especificaciones particulares.

Estos proyectos tipo, incluirán las condiciones técnicas de carácter concreto que sean precisas para conseguir mayor homogeneidad en la seguridad y el funcionamiento de las instalaciones de baja tensión, respetando los requisitos impuestos a las especificaciones particulares en este artículo.

En cualquier caso, los proyectos tipo deberán ser completados, inexcusablemente, con los datos específicos concernientes a cada caso particular.

1.3.1. Normas y procedimientos

La legislación específica de este tema es:

- **Ley 24/2013,** de 26 de diciembre del Sector Eléctrico (BOE del 27/12/2013). Los artículos 51 y 52 regulan la calidad y suspensión del suministro eléctrico. El punto 3 del artículo 51 establece que la Administración General del Estado determinará los índices objetivos de calidad del servicio, así como unos valores entre los que estos índices podrán oscilar, a cumplir tanto a nivel de usuario individual como para cada zona geográfica atendida por un único distribuidor. Asimismo, establece la obligación de las empresas eléctricas de facilitar a la Administración la información, convenientemente auditada, necesaria para la determinación objetiva de la calidad del servicio.

- **Real Decreto 1955/2000,** de 1 de diciembre (BOE del 27/12/2000) por el que se regulan las actividades de transporte, distribución, comercialización, suministro y procedimientos de autorización de instalaciones de energía eléctrica.

- **Orden ECO/797/2002,** de 22 de marzo (BOE del 13/04/2002) por la que se aprueba el procedimiento de medida y control de la continuidad del suministro eléctrico.

- Disposición adicional duodécima del **Real Decreto 738/2015,** de 31 de julio (BOE del 01/08/2015) por el que se regula la actividad de producción de energía eléctrica y el procedimiento de despacho en los sistemas eléctricos de los territorios no peninsulares. Establece que la remisión de la información relativa a la calidad de servicio, que de acuerdo con la normativa estatal establecida deba ser remita por las empresas distribuidoras de energía eléctrica, deberá realizarse por vía electrónica.

1.3.2. Principales empresas distribuidoras de electricidad

Los nombres y logotipos de las cinco principales empresas distribuidoras de energía eléctrica son los que se especifican a continuación:

- E-distribución Redes Digitales, SLU. Distribuidora eléctrica del Grupo Endesa.
- i-DE Redes Eléctricas Inteligentes, S.A.U. Empresa de distribución eléctrica del Grupo Iberdrola.
- ufd, del Grupo Naturgy.
- E-REDES. Empresa distribuidora eléctrica del Grupo EDP.
- Repsol Electricidad y Gas (antigua Viesgo Energía).

Grupo ENDESA	Grupo IBERDROLA	Grupo NATURGY

Grupo EDP	Grupo REPSOL

1.3.3. Teléfono de las cinco principales distribuidoras

Número de teléfono para aviso de avería en el suministro eléctrico:

Empresa Distribuidora de electricidad	Teléfono averías	Canal
I-DE, Redes Eléctricas Inteligentes	900 171 171	Averías I-DE

Teléfonos de averías de luz de Endesa distribución			
Comunidad Autónoma	Teléfono	Comunidad Autónoma	Teléfono
Aragón		Andalucía	
Castilla y León		Extremadura	900 850 840
Galicia	900 848 900	Murcia	
Navarra		Castilla la Mancha	
La Rioja		Islas Baleares	900 849 900
Comunidad Valenciana		Islas Canarias	900 855 885
		Cataluña	800 760 706

Teléfono de averías de UFD	
Gestión	Teléfono
Averías	900 333 999

	Teléfono averías E-Redes Distribución
	900 907 001

Teléfono de Viesgo Distribución	
Gestión	Contacto
Teléfono de averías y urgencias de Viesgo Distribución	900 101 051

1.3.4. Especificaciones particulares de las empresas suministradoras

Resolución de 21 de febrero de 2017, de la Dirección General de Industria y de la Pequeña y Mediana Empresa, por la que se publica la relación de especificaciones particulares de las empresas suministradoras para las instalaciones privadas que se conecten a sus sistemas.

a) Principales normas aplicadas por las empresas suministradoras

Estas son las normas técnicas para acometidas aéreas y elementos de red de distribución aérea de baja tensión, de obligado cumplimiento dentro de su ámbito de distribución.

Del artículo 14 del Reglamento electrotécnico de baja tensión (Decreto 842/2002, de 2 de Agosto) se puede extraer el siguiente párrafo: «Las empresas distribuidoras de energía eléctrica podrán proponer especificaciones…», que se ha leído al inicio de este apartado.

Para la elaboración de esta norma se ha tenido en cuenta la legislación y normativa vigente, encontrándose, entre esta:

- Reglamento Electrotécnico para Baja Tensión (Decreto 842/2002 de 2 de agosto, publicado en el BOE núm. 224 del 18/09/2002).

- Ley 24/2013, de 26 de diciembre, del Sector Eléctrico, publicada en el BOE núm. 310, de 27/12/2013.

- Real Decreto 1955/2000 de 1 de diciembre, por el que se regulan las actividades de transporte, distribución, comercialización, suministro y procedimientos de autorización de instalaciones de energía eléctrica, publicado en el BOE núm. 310, de 27/12/2000.

- Real Decreto 314/2006, de 17 de marzo, por el que se aprueba el Código Técnico de la Edificación, publicado en el BOE núm. 74, de 28 de marzo de 2006.

- Asimismo, son de aplicación las normas UNE y EN de obligado cumplimiento.

- Los materiales que se deban instalar cumplirán con las normas nacionales (UNE), europeas (EN, HD) o internacionales (IEC) declaradas como de obligado cumplimiento en los reglamentos de seguridad industrial. En ausencia de tales normas se tomarán como referencia las normas UNE, EN, HD o IEC aplicables a estos materiales.

b) Relación de especificaciones particulares de las empresas suministradoras para las instalaciones privadas que se conecten a sus sistemas

Resolución de 21 de febrero de 2017, de la Dirección General de Industria y de la Pequeña y Mediana Empresa, por la que se publica la relación de especificaciones particulares de las empresas suministradoras para las instalaciones privadas que se conecten a sus sistemas.

En el ANEXO a esta Resolución, se lee lo siguiente:

> Relación de especificaciones particulares de empresas suministradoras de energía eléctrica en baja tensión en vigor aprobadas por la Dirección General de Industria y de la Pequeña y Mediana Empresa.

➤ **Especificaciones vigentes o anuladas**

Por otra parte, de acuerdo con el artículo 14 del REBT, las empresas distribuidoras elaboran sus especificaciones particulares. En los recuadros siguientes figuran todas las ediciones de las especificaciones particulares de las empresas suministradoras, asociadas a las respectivas fechas de resolución del órgano directivo competente del Ministerio de Industria y Turismo que las aprobó, modificó o anuló. En la columna «estado» se indica su situación, en función de lo anterior: V: Vigente; A: Anulado/a.

Como señala el artículo 14 del REBT, las compañías suministradoras pueden emitir especificaciones particulares, como son las recogidas en los recuadros con su matrícula y fecha de resolución del órgano directivo competente del Ministerio de Industria y Turismo que las aprobó, modificó o anuló.

A continuación, se muestran las principales normas emitidas por las empresas suministradoras y aprobadas por la Administración:

E distribución Redes Digitales, SLU. Distribuidora eléctrica del Grupo ENDESA		
Código	**Título**	**Resolución**
NRZ101	Especificaciones Particulares: Instalaciones Privadas. Generalidades.	5/12/2018
NRZ103	Especificaciones Particulares: Instalaciones Privadas. Consumidores en Baja tensión.	5/12/2018
NRZ105	Especificaciones Particulares: Instalaciones Privadas. Generadores en Baja tensión.	5/12/2018
NRZ002	Especificaciones Particulares Líneas Baja tensión.	29/01/2021

EDP ENERGÍA		
Código	**Título**	**Resolución**
ET 5002	Fusibles de baja tensión. Fusibles de cuchillas.	5/10/2011
ET 5011	Cuadros de protección y seccionamiento para redes subterráneas.	5/10/2011
ET 5012	Canalizaciones subterráneas de baja y media tensión.	5/10/2011
ET 5019	Herrajes y accesorios para líneas aéreas de baja tensión, con conductores aislados en haz.	5/10/2011
ET 5020	Conductores aislados cableados en haz para líneas aéreas de baja tensión.	5/10/2011
ET 5022	Postes de hormigón–armado vibrado.	5/10/2011
ET 5036	Instalaciones de puesta a tierra para líneas aéreas de baja tensión.	5/10/2011
ET 5056	Cajas generales de protección.	5/10/2011

EDP ENERGÍA		
Código	**Título**	**Resolución**
ET 5059	Cajas generales de protección y medida.	5/10/2011
ET 5060	Centralización de contadores.	5/10/2011
ET 5076	Marcos y tapas para arquetas en Canalizaciones Subterráneas.	5/10/2011
ET 5079	Cables unipolares aislados con cubierta de poliolefina para redes de BT.	5/10/2011

i-DE Redes Eléctricas Inteligentes, S.A.U. Empresa de distribución eléctrica del grupo IBERDROLA		
Código	**Título**	**Resolución**
MT 2.03.20	Normas particulares para instalaciones de Alta Tensión (hasta 30 kV) y Baja Tensión.	2/11/2019 C. errores: 8/12/2019
MT 2.41.58	Manual Técnico. Red aérea trenzada de Baja Tensión. Cables aislados instalados sobre apoyos. Acometidas.	22/11/2019 C. errores: 18/12/2019
MT 2.41.65	Manual Técnico. Red aérea trenzada de Baja Tensión. Cables aislados instalados en fachadas. Acometidas.	22/11/2019 C. errores: 18/12/2019
MT 2.51.43	Manual Técnico. Red subterránea de Baja Tensión. Acometidas.	22/11/2019 C. errores: 18/12/2019
MT 2.80.12	Especificaciones particulares para instalaciones de enlace.	22/11/2019 C. errores: 18/12/2019
NI 42.71.01	Cuadros modulares con y sin envolvente para medida en BT. Instalación interior.	05/05/2014
NI 42.72.00	Instalaciones de enlace. Cajas de protección y medida.	15/12/2010
NI 50.44.01	Cuadros de distribución en BT con embarrado aislado para Centros de Transformación Compactos.	22/11/2019 C. errores: 18/12/2019
NI 50.44.03	Cuadro de distribución en BT con embarrado aislado y seccionamiento para Centros de Transformación de Interior.	22/11/2019 C. errores: 18/12/2019
NI 52.04.01	Postes de hormigón armado vibrado.	22/11/2019 C. errores: 18/12/2019
NI 52.10.10	Apoyos de chapa metálica para líneas eléctricas aéreas de Baja y Alta Tensión.	22/11/2019 C. errores: 18/12/2019
NI 56.36.01	Conductores aislados cableados en haz para líneas aéreas de Baja Tensión 0,6/1 kV.	22/11/2019 C. errores 18/12/2019

i-DE Redes Eléctricas Inteligentes, S.A.U. Empresa de distribución eléctrica del grupo IBERDROLA		
Código	**Título**	**Resolución**
NI 56.37.01	Cables unipolares XZ1 con conductores de aluminio para redes subterráneas de Baja Tensión 0,6/1 kV.	22/11/2019 C. errores 18/12/2019
NI 56.88.01	Accesorios para cables aislados con conductores de aluminio para redes subterráneas de 0,6/1 kV.	22/11/2019 C. errores: 18/12/2019
NI 58.14.01	Accesorios de conexión aislada para LABT con conductores aislados.	22/11/2019 C. errores: 18/12/2019
NI 76.01.01	Fusibles de baja tensión. Fusibles de cuchillas.	25/02/2010
NI 76.50.01	Cajas generales de protección (CGP).	15/12/2010

GRUPO NATURGY		
Código	**Título**	**Resolución**
ES 0100.ES.RE.EIC	Especificaciones Particulares para Instalaciones de Conexión. Instalaciones de Enlace en Baja Tensión.	22/12/2011
ES 0102.ES.RE.EIC	Especificaciones Particulares para Instalaciones de Conexión. Generadores conectados a redes de Baja Tensión.	22/12/2011
IT 0110.ES.RE.PTP	Proyecto Tipo Líneas Eléctricas Aéreas de Baja Tensión.	22/12/2011
IT 0115.ES.RE.PTP	Proyecto Tipo Líneas Eléctricas Subterráneas de Baja Tensión.	22/12/2011

VIESGO DISTRIBUCIÓN ELÉCTRICA, S.L.U.		
Código	**Título**	**Resolución**
NT-AEDE.01	Normas Técnica de Acometida Aérea y Elementos de Red de Distribución Aérea de Baja Tensión.	27/6/2018
NT-ASDS.01	Normas Técnica de Acometida Subterránea y Elementos de Red de Distribución Subterránea de Baja Tensión.	27/6/2018
NT-IEBT.01	Normas Particulares para instalaciones de enlace para el suministro de Baja Tensión.	26/2/2018

1.3.5. Recopilatorio de normativa

A continuación, y a título informativo, se presenta una recopilación de las **reglas de funcionamiento de los mercados** organizados, diario e intradiario, de producción de energía eléctrica de electricidad y de los **procedimientos de operación** relativos al sistema eléctrico peninsular español.

Procedimientos de Operación (P.O.)
Entre los muchos Procedimientos de Operación (P.O.), se citan los siguientes: • P.O. 3.4 Programación del mantenimiento de la red de transporte. • P.O. 3.5 Programación del mantenimiento de la red de distribución que afecta a la operación del sistema eléctrico.

1.3.6. Programación de trabajos en la red de transporte

En la Resolución de 7 de marzo de 2022, de la Secretaría de Estado de Energía, por la que se aprueba el procedimiento de operación 3.4 relativo a la programación de trabajos en la red de transporte, del Ministerio para la Transición Ecológica y el Reto Demográfico, se puede leer:

ANEXO

1. Objeto

Este procedimiento describe los flujos de información y los procesos necesarios para la elaboración del plan de trabajos en los elementos e instalaciones de la red de transporte de los sistemas eléctricos peninsular y no peninsulares en los horizontes anual, semanal y de corto plazo de modo que:

- Se asegure su compatibilidad con los planes de mantenimiento de las unidades de producción.

- Se minimicen las restricciones técnicas que afecten a los medios de producción.

- Se minimicen los costes variables de la operación de cada sistema eléctrico de los Territorios No Peninsulares (TNP).

- Se obtenga un estado de disponibilidad de la red de transporte que garantice la seguridad y la calidad del abastecimiento de la demanda.

2. Ámbito de aplicación

Este procedimiento es de aplicación a los siguientes sujetos:

a) El operador del sistema.

b) Las empresas propietarias de instalaciones de la red de transporte.

c) Empresas propietarias u operadoras de las redes de distribución conectadas a la red de transporte, en su caso.

d) Consumidores con conexión directa a la red de transporte.

e) Empresas propietarias u operadores de instalaciones de generación de electricidad con conexión directa a la red de transporte, entendiendo que tales instalaciones de generación podrán estar integradas por uno o más módulos de generación de electricidad, y/o uno o más instalaciones de almacenamiento de energía que puedan verter energía eléctrica a la red.

3. Programa de trabajos en la red de transporte

El programa de trabajos en la red de transporte comprende un Plan Anual, sus correspondientes revisiones, un Plan Semanal y una programación, denominada de corto plazo, cuyo ámbito temporal es inferior a la semana y que termina en el tiempo real.

1.4. HERRAMIENTAS EMPLEADAS PARA EL MANTENIMIENTO DE INSTALACIONES

Para el mantenimiento de instalaciones eléctricas se emplean herramientas adecuadas a la tarea que se deba realizar, elementos auxiliares e instrumentos de medida y comprobación, sin olvidar los dispositivos de acotado de la zona en que se actúa, la señalización y el equipamiento personal.

1.4.1. Herramientas para el mantenimiento de instalaciones

Existe una gama extensa de herramientas, pero en cada caso se deben emplean aquellas que se correspondan con el trabajo que se realiza.

Las herramientas pueden ser: **manuales, eléctricas, neumáticas** e **hidráulicas.**

A continuación, se muestran las herramientas más comunes para este tipo de trabajos:

Herramientas para corte y apriete de materiales y trabajos mecánicos	Herramientas para trabajos eléctricos
• Llave ajustable.	• Alicates (variedad de formas).
• Llave de carraca.	• Destornilladores (variedad de formas).
• Llave Allen.	• Cinturón y caja portaherramientas.
• Llave de estrella.	• Comprobador de tensión.
• Llave fija de una boca.	• Empuñadura para fusibles.
• Llave de pipa.	• Tenaza manual para terminales.
• Otras llaves.	• Tenaza hidráulica para terminales.
• Arco de sierra.	• Tijeras.
• Martillos y mazas.	• Cuchillo.
• Tenazas.	• Pelacables.
• Equipo de soldadura autógena.	• Cortatubos.
• Equipo de soldadura eléctrica.	• Cortacables.
• Polipastos y eslingas.	• Pinzas.
• Tráctel para tensar cables.	• Soldador (soldadura blanda).

Materiales auxiliares	Otras herramientas para uso eléctrico
• Escaleras (variedad de modelos). • Plataformas fijas. • Plataformas elevadoras articuladas y motorizadas. • Drones para revisión. • Herramientas de poda y corte. • Herramientas para hacer empotramiento de postes.	• Trepadores. • Pértigas (varios tipos y funciones). • Banquetas y alfombras aislantes. • Equipos de puesta a tierra y cortocircuito. • Cinturón de seguridad. • Cobertores de líneas.

Nota. Las herramientas que se empleen en trabajos mecánicos tendrán el aislamiento que requiera la situación en que se trabaja (con tensión o sin tensión, o con la posibilidad de que accidentalmente pudiera haber tensión).

1. Muestrario de herramientas para electricistas de montaje y de mantenimiento.

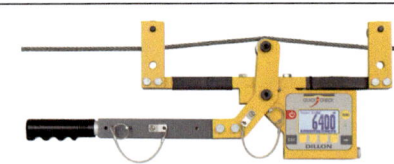

2. Tensiómetro o dinamómetro digital para medir la tensión en cables eléctricos.

3. Nivel
para postes.

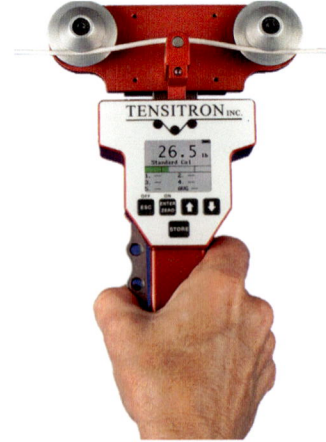

4. Tensiómetro digital, fácil de manipular, para medir la tensión en cables eléctricos.

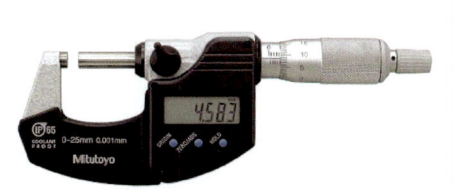

5. Calibrador o pie de rey digital. Para medir diámetros y pequeñas longitudes.	6. Micrómetro digital. Medición de diámetros y pequeños espesores.

7. Nivel de láser. Equipo topográfico que sirve para determinar nivelaciones en un plano horizontal mediante la proyección de una línea láser.	8. Medidor multifunción «3 en 1», con láser de distancia integrado, láser de líneas cruzadas y cinta métrica extensible.	9. Medidor de distancias. Este aparato cubre un alcance de 5 a 910 m.

1.4.2. Elementos auxiliares

Para realizar las tareas de mantenimiento, además de las herramientas, se precisan otros medios auxiliares, como son algunos de los que se muestran a continuación.

1. Plataforma elevadora.

2. Escaleras articuladas.

3. Equipo de puesta a tierra y en cortocircuito con pértiga.	4. Trepadores para postes de madera.	5. Trepadores para postes de hormigón.
6. Detector de tensión sin contacto.	7. Comprobador de tensión y de continuidad.	8. Cámara térmica radiométrica.

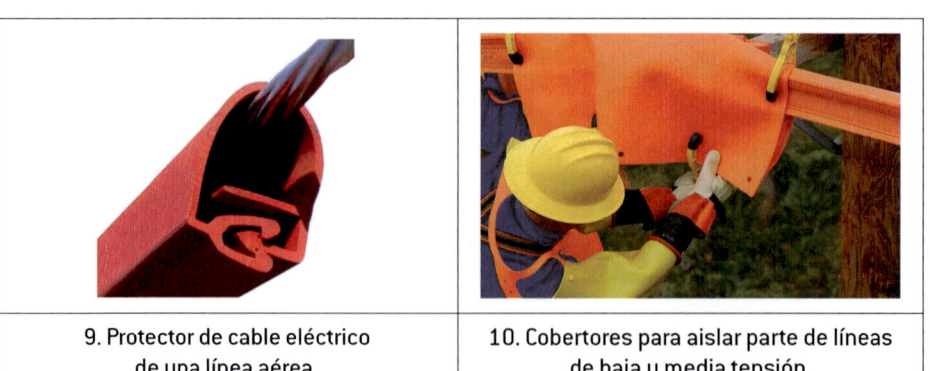

9. Protector de cable eléctrico de una línea aérea.	10. Cobertores para aislar parte de líneas de baja y media tensión.

| 11. Revisión de una red eléctrica desde una cesta articulada sobre camión. | 12. Revisión de una red eléctrica mediante un helicóptero. |

1.4.3. Herramientas complementarias

Entre las muchas herramientas complementarias, están:

- Para la poda y desbrozado: motosierra de poda, tijeras de sierra, pértigas de poda, tractores segadora.

- Arcos de sierra, taladros y sus brocas, machos y terrajas para roscar, soldadores para soldadura blanda y soldadura fuerte.

- Para abrir fosos para el anclado de postes: martillos neumáticos, taladros para tierra, palancas, taladros para tierra, etc.

| 1. Arco de sierra aislado para 1000 V. | 2. Taladro portátil. | 3. Lámpara de gas para electricista. | 4. Soldador eléctrico. |
| 5. Soldadora eléctrica de electrodos. | 6. Soldadora autógena. | 7. Martillo de demolición eléctrico. | 8. Taladro para tierra. |

9. Motosierra de poda.	10. Tijera de poda.	11. Pértiga de poda.

1.4.4. Herrajes

Unos de los complementos de las instalaciones de distribución de la energía son los herrajes, que forman parte de los tendidos eléctricos aéreos y a los que hay que prestar atención en lo que se refiere a su mantenimiento y conservación, ya que pueden romperse, oxidarse, aflojarse, soltarse, o sufrir alguna que otra anomalía. A continuación se muestran algunos:

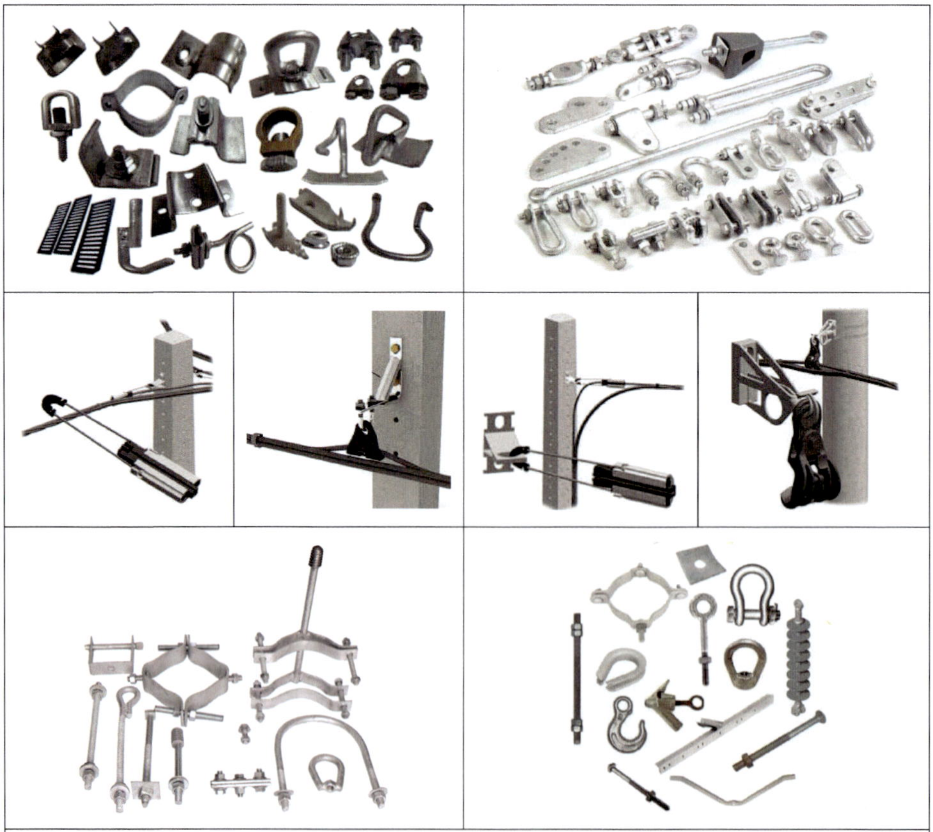

Diversos herrajes para tendidos eléctricos aéreos.

1.4.5. Instrumentos de medida

Los instrumentos de medida son una herramienta imprescindible para realizar las tareas de mantenimiento y buscar el origen o causa de una determinada avería. Aquí se recogen algunos:

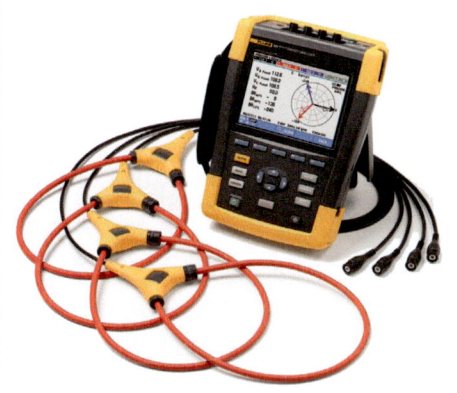

1. Analizador trifásico de redes. Toma medidas de tensiones, corrientes, potencia activa, reactiva, aparente, cos φ, factor de potencia, THD de tensión y de corriente, etc.	2. Comprobador de instalaciones. • Medida de aislamiento (hasta 1000 V). • Impedancia del bucle. • Test de diferenciales. • Medida de resistencia de tierras. • Secuencia de fases.

 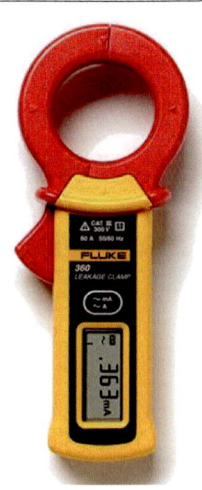 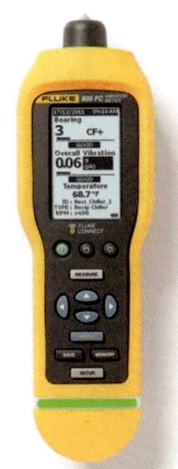 

3. Cámara termográfica. Para medida de temperatura a distancia.	4. Pinzas de medida de corrientes de fuga. Medidor de la corriente de fuga.	5. Analizador de vibraciones.	6. Medidor de altura de cable ultrasónico con pantalla LCD.

1.4.6. Señalización de obras

Las obras tendrán, en un lugar bien visible, la **cartelería** que señale las consignas, normas y equipos de seguridad que deben cumplir y equipar a los trabajadores que están trabajando en tal obra.

A continuación, vemos algunos de estos carteles:

a) Carteles para obras

b) Complementos de señalización para obras

1. Señal que prohíbe el acceso.	2. Cinta para acotar obras y lugares con peligro.	3. Aviso de obras y acceso cortado.
4. Prohibido accionar.	5. Señales que prohíben el paso a personas ajenas a la obra.	

1.4.7. Otras señales para trabajos eléctricos

En los siguientes apartados se presentan ejemplos de distintos tipos de señalización.

a) Señales de obligación

b) Aviso de trabajos en curso

c) Señales de peligro y riesgo

1.4.8. Equipamiento personal

Para realizar las diferentes tareas de mantenimiento, el operario estará equipado con los medios apropiados al riesgo que suponga la intervención en concreto (sin tensión, con tensión, en altura, en zanjas, en lugares húmedos o conductores, con posible electricidad estática, etc.).

a) Importancia del uso del arnés de seguridad

En los trabajos de altura, del tipo que sean, el uso del arnés de seguridad es vital si se quieren reducir los riesgos que supone este tipo de trabajo. Los arneses de seguridad están diseñados específicamente para proteger a los trabajadores en caso de caídas, evitando lesiones graves e incluso la muerte. El riesgo de accidente existe en muchas fases del trabajo, y más cuando se trabaja sobre postes.

La normativa vigente establece la **obligatoriedad** del uso del arnés de seguridad en trabajos a partir del 1,80 m de altura, siempre y cuando no existan protecciones colectivas y exista riesgo de caída.

1. Arnés de seguridad para escalera con un cordón de detención de caídas.	2. Equipo de protección personal (EPP) para trabajos en altura.

b) Normas UNE de protección contra caídas de altura

UNE-EN 353-1:2014+A1:2017. Equipos de protección individual contra caídas de altura. Dispositivos anticaídas deslizantes sobre línea de anclaje. Parte 1: Dispositivos anticaídas deslizantes sobre línea de anclaje rígida. (Ratificada por la Asociación Española de Normalización en marzo de 2018).

UNE-EN 363:2018. Equipos de protección individual contra caídas. Sistemas de protección individual contra caídas (ratificada por la Asociación Española de Normalización en marzo de 2019).

UNE-EN 353-2:2002. Equipos de protección individual contra caídas de altura. Parte 2: Dispositivos anticaídas deslizantes sobre línea de anclaje flexible.

UNE-EN 354:2011. Equipos de protección individual contra caídas. Equipos de amarre.

UNE-EN 355:2002. Equipos de protección individual contra caídas. Absorbedores de energía.

UNE-EN 358:2018. Equipo de protección individual para sujeción en posición de trabajo y prevención de caídas de altura. Cinturones para sujeción y retención y componente de amarre de sujeción (ratificada por la Asociación Española de Normalización en marzo de 2019).

UNE-EN 360:2023. Equipos de protección individual contra caídas de altura. Dispositivos anticaídas retráctiles. Será anulada por PNE-prEN 360. (Ratificada por la Asociación Española de Normalización en abril de 2024).

UNE-EN 364:1993. Equipos de protección individual contra caídas de altura. Métodos de ensayo (versión oficial EN 364:1992).

UNE-EN 1891:1999. Equipos de protección individual contra caídas de altura. Cuerdas trenzadas con funda, semiestáticas.

UNE-EN 361:2002. Equipos de protección individual contra caídas de altura. Arneses anticaídas.

UNE-EN 362:2005. Equipos de protección individual contra caídas de altura. Conectores.

UNE-EN 365:2005. Equipo de protección individual contra las caídas de altura. Requisitos generales para las instrucciones de uso, mantenimiento, revisión periódica, reparación, marcado y embalaje.

UNE-EN 1498:2007. Equipos de protección individual contra caídas de altura. Lazos de salvamento.

UNE-EN 1497:2008. Equipos de protección individual contra caídas de altura. Arneses de salvamento.

UNE-EN 341:2011. Equipos de protección individual contra caídas de altura. Dispositivos de rescate (ratificada por AENOR en noviembre de 2011).

UNE-EN 795:2012. Equipos de protección individual contra caídas de altura. Dispositivos de anclaje (ratificada por AENOR en octubre de 2012).

UNE-EN 363:2018. Equipos de protección individual contra caídas. Sistemas de protección individual contra caídas (ratificada por la Asociación Española de Normalización en marzo de 2019).

UNE-EN 1496:2018. Equipos de protección individual contra caídas de altura. Dispositivos de salvamento mediante izado.

UNE-EN 813:2024. Equipos de protección individual contra caídas de altura. Arneses de asiento (ratificada por la Asociación Española de Normalización en junio de 2024).

UNE-EN 12841:2024. Equipos de protección individual contra caídas. Sistemas de acceso mediante cuerda. Dispositivos de regulación de cuerda (ratificada por la Asociación Española de Normalización en mayo de 2024).

1.4.9. Normas relacionadas con la seguridad

Respecto a las normas de seguridad para trabajos de mantenimiento en redes de baja tensión, se recuerdan las normas siguientes:

- **Real Decreto 3275/1982,** de 12 de noviembre, sobre condiciones técnicas y garantías de seguridad en centrales eléctricas y centros de transformación.

- **Real Decreto 159/1995,** de 3 de febrero, por el que se modifica el Real Decreto 1407/1992, de 20 de noviembre, por el que se regula las condiciones para la comercialización y libre circulación intracomunitaria de los equipos de protección individual.

- **Real Decreto 773/1997** sobre disposiciones mínimas de seguridad y salud relativas a la utilización por los trabajadores de equipos de protección individual.

- **Ley 31/95 de 8 de noviembre** de Prevención de Riesgos Laborales.

- **Real Decreto 39/97 de 17 de Enero,** por el que se aprueba el Reglamento de los servicios de prevención, corrección de errores y modificaciones posteriores. Real Decreto 1627/97 de 24 de Octubre, por el que se establecen las disposiciones mínimas de Seguridad y Salud en las obras de construcción.

- **Real Decreto 1955/2000** por el que se regulan las actividades de transporte, distribución, comercialización, suministro y procedimientos de autorización de instalaciones de energía
- **Real Decreto 614/2001,** de 8 de junio, sobre: Disposiciones mínimas para la protección de la salud y seguridad de los trabajadores frente al riesgo eléctrico. (Guía Técnica).
- **Real Decreto 842/2002** por el que se aprueba el Reglamento Electrotécnico para Baja Tensión y sus Instrucciones Técnicas Complementarias ITC-BT.
- **Real Decreto 171/2004,** de 30 de enero, por el que se desarrolla el artículo 24 de la Ley 31/1995, de 8 de noviembre, de Prevención de Riesgos Laborales (LPRL), en materia de coordinación de actividades empresariales.
- **Real Decreto 223/2008.** Aprueba el Reglamento sobre condiciones técnicas y garantías de seguridad en líneas eléctricas de alta tensión y sus Instrucciones Técnicas Complementarias ITC-LAT 01 a 09.
- **Normas UNE** relacionadas con esta materia.

1.4.10. Técnicas y procedimientos de trabajo

En los artículos 4 y 5 del Real Decreto 614/2001, leemos lo siguiente:

Artículo 4. Técnicas y procedimientos de trabajo

1. Las técnicas y procedimientos empleados para trabajar en instalaciones eléctricas, o en sus proximidades, se establecerán teniendo en consideración:

    a) La evaluación de los riesgos que el trabajo pueda suponer, habida cuenta de las características de las instalaciones, del propio trabajo y del entorno en el que va a realizarse.

    b) Los requisitos establecidos en los restantes apartados del presente artículo.

2. Todo trabajo en una instalación eléctrica, o en su proximidad, que conlleve un riesgo eléctrico deberá efectuarse sin tensión, salvo en los casos que se indican en los apartados 3 y 4 de este artículo.

    Para dejar la instalación eléctrica sin tensión, antes de realizar el trabajo, y para la reposición de la tensión, al finalizarlo, se seguirán las disposiciones generales establecidas en el anexo II.A y, en su caso, las disposiciones particulares establecidas en el anexo II.B.

3. Podrán realizarse con la instalación en tensión:

    a) Las operaciones elementales, tales como por ejemplo conectar y desconectar, en instalaciones de baja tensión con material eléctrico concebido para su utilización inmediata y sin riesgos por parte del público en general. En cualquier caso, estas operaciones deberán realizarse por el procedimiento normal previsto por el fabricante y previa verificación del buen estado del material manipulado.

b) Los trabajos en instalaciones con tensiones de seguridad, siempre que no exista posibilidad de confusión en la identificación de las mismas y que las intensidades de un posible cortocircuito no supongan riesgos de quemadura. En caso contrario, el procedimiento de trabajo establecido deberá asegurar la correcta identificación de la instalación y evitar los cortocircuitos cuando no sea posible proteger al trabajador frente a los mismos.

4. También podrán realizarse con la instalación en tensión:

a) Las maniobras, mediciones, ensayos y verificaciones cuya naturaleza así lo exija, tales como por ejemplo la apertura y cierre de interruptores o seccionadores, la medición de una intensidad, la realización de ensayos de aislamiento eléctrico, o la comprobación de la concordancia de fases.

b) Los trabajos en, o en proximidad de instalaciones cuyas condiciones de explotación o de continuidad del suministro así lo requieran.

5. Excepto en los casos indicados en el apartado 3 de este artículo, el procedimiento empleado para la realización de trabajos en tensión deberá ajustarse a los requisitos generales establecidos en el anexo III.A y, en el caso de trabajos en alta tensión, a los requisitos adicionales indicados en el anexo III.B.

6. Las maniobras, mediciones, ensayos y verificaciones eléctricas se realizarán siguiendo las disposiciones generales establecidas en el anexo IV.A y, en su caso, las disposiciones particulares establecidas en el anexo IV.B.

Si durante la realización de estas operaciones tuvieran que ocuparse, o pudieran invadirse accidentalmente, las zonas de peligro de elementos en tensión circundantes, se aplicará lo establecido, según el caso, en los apartados 5 o 7 del presente artículo.

7. Los trabajos que se realicen en proximidad de elementos en tensión se llevarán a cabo según lo dispuesto en el anexo V, o bien se considerarán como trabajos en tensión y se aplicarán las disposiciones correspondientes a este tipo de trabajos.

8. Sin perjuicio de lo dispuesto en los anteriores apartados de este artículo, los trabajos que se realicen en emplazamientos con riesgo de incendio o explosión, así como los procesos en los que se pueda producir una acumulación peligrosa de carga electrostática, se deberán efectuar según lo dispuesto en el anexo VI.

Artículo 5. Formación e información de los trabajadores

De conformidad con los artículos 18 y 19 de la Ley de Prevención de Riesgos Laborales, el empresario deberá garantizar que los trabajadores y los representantes de los trabajadores reciban una formación e información adecuadas sobre el riesgo eléctrico, así como sobre las medidas de prevención y protección que hayan de adoptarse en aplicación del presente Real Decreto.

a) Guía básica para la prevención del riesgo eléctrico

Acción en salud laboral:

- Real Decreto 486/1997 sobre disposiciones mínimas de seguridad y salud en los lugares de trabajo.
- Real Decreto 485/1997 sobre disposiciones mínimas en materia de señalización de seguridad y salud en el trabajo.
- Real Decreto 1215/1997 por el que se establecen las disposiciones mínimas de seguridad y salud para la utilización por los trabajadores de los equipos de trabajo.

b) Guías y normas técnicas del INSST (Instituto Nacional de Seguridad y Salud en el Trabajo)

- Guía técnica para la evaluación y prevención del riesgo eléctrico.

- Notas Técnicas de Prevención (NTP) del INSST:

- NTP 71: Sistemas de protección contra contactos eléctricos indirectos.
- NTP 72: Trabajos con elementos de altura en presencia de líneas eléctricas aéreas.
- NTP 87: Equipo eléctrico en máquinas herramientas. Medidas de seguridad.
- NTP 142: Grupos electrógenos. Protección contra contactos eléctricos indirectos.
- NTP 225: Electricidad estática en el trasvase de líquidos inflamables.
- NTP 374 y 375: Electricidad estática en la carga y descarga de camiones cisterna.
- NTP 437: Aspectos particulares de los efectos de la corriente eléctrica.
- NTP 400: Corriente eléctrica: efectos al atravesar el organismo humano.
- NTP 567: Protección frente a cargas electrostáticas.
- NTP 588: Grado de protección de las envolventes de los materiales eléctricos.
- NTP 763: Distancias a líneas eléctricas de baja tensión.
- NTP 827 y 828: Electricidad estática en polvos combustibles.
- NTP 887: Calzado y ropa de protección «antiestáticos».

El **INSST** ha presentado una serie de carteles informativos que nos advierten sobre la forma de proceder y la necesidad tanto de aplicar como de cumplir las normas de seguridad en el trabajo.

Carteles de información para prevenir riesgos laborales.

1.5. FUNCIÓN, UTILIZACIÓN Y TIPOS EMPLEADOS

En los trabajos de mantenimiento de las redes de distribución se utilizan diversos tipos de herramientas y material auxiliar como los que se citan en el apartado anterior.

El operario debe conocer su función y la forma correcta de uso para evitar accidentes debidos al desconocimiento, a la falta de preparación o a la utilización incorrecta.

Dado que existen muchas herramientas, el electricista sabrá elegir y utilizar aquellas que sean apropiadas para un determinado trabajo, y más cuando se trabaja con tensión, en donde todas las precauciones son pocas.

En el apartado anterior hemos estudiado algunas de las muchas herramientas que se emplean en trabajos de mantenimiento de redes de distribución y a continuación estudiamos la forma de emplearlas.

1.5.1. Certificación de las herramientas aisladas

Aquellas herramientas fabricadas con la norma *Trabajos en tensión. Herramientas manuales para trabajos en tensión hasta 1000 V en corriente alterna y 1 500 V en corriente continua*, tienen ajustadas sus especificaciones técnicas a todas y cada una de las pruebas a las que deben ser sometidas para verificar su calidad y asegurar que brinden la protección requerida por y para el usuario.

Las herramientas que cumplen con lo establecido en la norma **deben indicarlo,** portando el símbolo internacional que así lo certifica.

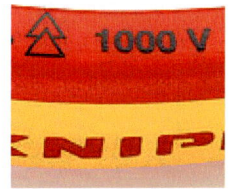 1000V	Las herramientas apropiadas para trabajos eléctricos en baja tensión se identifican por el marcado *1000 V* **(doble triángulo), según IEC EN 60900,** seguido del nombre del fabricante, la referencia de la herramienta y el año de fabricación. Las herramientas manuales aisladas y aislantes se utilizan para los trabajos con tensión o en las proximidades de elementos activos bajo tensión, de tensión nominal hasta 1 000 V de corriente alterna y 1500 V de corriente continua.
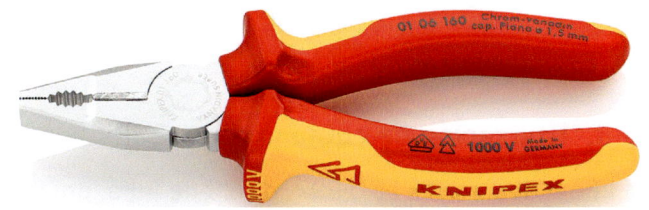	
Alicate universal con aislamiento para 1 000 V.	

Nota. El saliente que tiene el aislamiento del alicate junto a la parte metálica descubierta, tiene la finalidad de impedir que la mano pueda deslizarse hacia esa parte conductora.

Hay un **código de colores del aislamiento** en las herramientas para trabajos eléctricos.

Las herramientas eléctricas pueden no tener ningún tipo de aislamiento o tener un determinado grado de aislamiento, cuya calidad viene determinado color del aislamiento. Así:

- **Amarillo:** significa un aislamiento mínimo, por lo que es peligroso trabajar con herramienta sin desconectar antes la línea eléctrica.

- **Naranja:** grado de aislamiento medio. Precaución.

- **Rojo:** grado de aislamiento máximo. Seguridad.

- **Negro:** no indica aislamiento, sino que solo tiene funciones estéticas.

1.5.2. Función

En el supuesto de una intervención de operación o de mantenimiento en una instalación, todo operario cualificado debe estar preparado para:

- Conocer los pasos que es preciso seguir, teniendo en cuenta el tipo de intervención que se tenga que hacer.

- Las normas de seguridad que deben aplicarse.

- Los procedimientos que deben utilizarse en cada caso.

- Equipamiento personal y colectivo que emplear.

- Conocer las herramientas e instrumentos de medida que deberá utilizar para resolver la avería.

> **Nota.** Se recomienda la lectura de *Prevención de Riesgos en Trabajos con Corriente Eléctrica,* publicado por la OIT (Organización Internacional del Trabajo).

1.5.3. Utilización de equipos de trabajo

- El Real Decreto 1215/1997, de 18 de julio, por el que se establecen las disposiciones mínimas de seguridad y salud para la utilización por los trabajadores de los equipos de trabajo, publicado en el BOE núm. 188 de 07/08/1997 fue modificado por el Real Decreto 2177/2004, de 12 de noviembre, recogido en el BOE núm. 274, de 13 de noviembre.

- En el año 2021 se publicó la *Guía técnica para la evaluación y prevención de los riesgos relativos a la utilización de los equipos de trabajo* por el INSST.

- Real Decreto 486/1997, de 14 de abril, por el que se establecen las disposiciones mínimas de seguridad y salud en los lugares de trabajo.

En los artículos 1 y 2 del Real Decreto 1215/1997, se lee lo siguiente:

Artículo 1. Objeto

1. El presente Real Decreto establece, en el marco de la Ley 31/1995, de 8 de noviembre, de Prevención de Riesgos Laborales, las disposiciones mínimas de seguridad y salud para la utilización de los equipos de trabajo empleados por los trabajadores en el trabajo.

2. Las disposiciones del Real Decreto 39/1997, de 17 de enero, por el que se aprueba el Reglamento de los Servicios de Prevención, se aplicarán plenamente al conjunto del ámbito contemplado en el apartado anterior, sin perjuicio de las disposiciones específicas contenidas en el presente Real Decreto.

Artículo 2. Definiciones

A efectos del presente Real Decreto se entenderá por:

a) **Equipo de trabajo:** cualquier máquina, aparato, instrumento o instalación utilizado en el trabajo.

b) **Utilización de un equipo de trabajo:** cualquier actividad referida a un equipo de trabajo, tal como la puesta en marcha o la detención, el empleo, el transporte, la reparación, la transformación, el mantenimiento y la conservación, incluida, en particular, la limpieza.

c) **Zona peligrosa:** cualquier zona situada en el interior o alrededor de un equipo de trabajo en la que la presencia de un trabajador expuesto entrañe un riesgo para su seguridad o para su salud.

d) **Trabajador expuesto:** cualquier trabajador que se encuentre total o parcialmente en una zona peligrosa.

e) **Operador del equipo:** el trabajador encargado de la utilización de un equipo de trabajo.

El índice general de los temas tratados en la Real Decreto 1215/1997, de 18 de julio es el que se detalla a continuación:

Artículo 1. Objeto

Artículo 2. Definiciones

Artículo 3. Obligaciones generales del empresario

Artículo 4. Comprobación de los equipos de trabajo

Artículo 5. Obligaciones en materia de formación e información

Artículo 6. Consulta y participación de los trabajadores

       Disposición transitoria única. Adaptación de equipos de trabajo
       Disposición derogatoria única. Derogación normativa
       Disposición final primera. Guía técnica
       Disposición final segunda. Facultades de desarrollo
       Disposición final tercera. Entrada en vigor

ANEXO I

Disposiciones mínimas aplicables a los equipos de trabajo

Observación preliminar

1. Disposiciones mínimas generales aplicables a los equipos de trabajo.

2. Disposiciones mínimas adicionales aplicables a determinados equipos de trabajo.

ANEXO II

Disposiciones relativas a la utilización de los equipos de trabajo

Observación preliminar

1. Condiciones generales de utilización de los equipos de trabajo.

2. Condiciones de utilización de equipos de trabajos móviles, automotores o no.

3. Condiciones de utilización de equipos de trabajo para la elevación de cargas.

1. Generalidades.

2. Equipos de trabajo para la elevación de cargas no guiadas.

4. Disposiciones relativas a la utilización de los equipos de trabajo para la realización de trabajos temporales en altura.

   4.1. Disposiciones generales.

   4.2. Disposiciones específicas sobre la utilización de escaleras de mano.

   4.3. Disposiciones específicas relativas a la utilización de los andamios.

   4.4. Disposiciones específicas sobre la utilización de las técnicas de acceso y de posicionamiento mediante cuerdas.

> **Nota.** Se recomienda la lectura de este Real Decreto 1215/1997, de 18 de julio, modificado por Real Decreto 2177/2004, de 12 de noviembre, sobre trabajos en altura.

1.5.4. Reglamentación y disposiciones oficiales

- **Real Decreto 3275/1982,** de 12 de noviembre, que está derogado y se sustituye por el Real Decreto 337/2014, de 9 de mayo, por el que se aprueban el Reglamento sobre condiciones técnicas y garantías de seguridad en instalaciones eléctricas de alta tensión y sus Instrucciones Técnicas Complementarias ITC-RAT 01 a 23 (BOE n.º 139 de 09/06/2014).

- **Real Decreto 1955/2000,** de 1 de diciembre, por el que se regulan las actividades de transporte, distribución, comercialización, suministro y procedimientos de autorización de instalaciones de energía eléctrica.

- **Real Decreto 842/2002,** de 2 de agosto, por el que se aprueba el Reglamento electrotécnico de baja tensión.

- **Real Decreto 1110/2007,** de 24 de agosto, por el que se aprueba el Reglamento unificado de puntos de medida del sistema eléctrico.

- **Real Decreto 222/2008,** de 15 de febrero, por el que se establece el régimen retributivo de la actividad de distribución de energía eléctrica.

- **Real Decreto 223/2008,** de 15 de febrero, por el que se aprueban el Reglamento sobre condiciones técnicas y garantías de seguridad en líneas eléctricas de alta tensión y sus instrucciones técnicas complementarias ITC-LAT 01 a 09.

- **Real Decreto 1432/2008,** de 29 de agosto, por el que se establecen medidas para la protección de la avifauna contra la colisión y la electrocución en líneas eléctricas de alta tensión.

- **Ley 24/2013,** de 26 de diciembre, del Sector Eléctrico.

- **Las Normas UNE** de obligado cumplimiento.

- También, cualquier otra reglamentación nacional, autonómica o local que esté vigente y que sea aplicable.

1.5.5. Trabajos en altura. Normativa

La normativa de referencia es el Real Decreto 2177/2004, de 12 de noviembre, por el que se modifica el Real Decreto 1215/1997, de 18 de julio, por el que se establecen las disposiciones mínimas de seguridad y salud para la utilización por los trabajadores de los equipos de trabajo, en materia de trabajos temporales en altura.

Notas Técnicas de Prevención (NTP) sobre trabajos en altura

- **NTP 202:** Sobre el riesgo de caída de personas a distinto nivel, por el INSHT.
- **NTP 239:** Escalera manuales, por el INSHT.
- **NTP 516:** Andamios perimetrales fijos.
- **NTP 669:** Andamios de trabajo prefabricados (I): normas constructivas. INSHT.
- **NTP 670:** Andamios de trabajo prefabricados (II): montaje y utilización. INSHT.
- **NTP 682:** Seguridad en trabajos verticales (I): equipos.
- **NTP 683:** Seguridad en trabajos verticales (II): técnicas de instalación.
- **NTP 684:** Seguridad en trabajos verticales (III): técnicas operativas.
- **NTP 695:** Torres de trabajo móviles (I): normas constructivas. INSHT.
- **NTP 696:** Torres de trabajo móviles (II): montaje y utilización. INSHT.
- **NTP 774:** Sistemas anticaídas. Componentes y elementos. INSHT.
- **NTP 809:** Descripción y elección de dispositivos de anclaje.
- **NTP 969:** Andamios colgados móviles de accionamiento manual (I): normas constructivas.
- **NTP 970:** Andamios colgados móviles de accionamiento manual (II): normas de montaje y utilización.
- **NTP 976:** Andamios colgados móviles de accionamiento motorizado (I).
- **NTP 994:** El recurso preventivo.
- **NTP 1015:** Andamios tubulares de componentes prefabricados (I): normas constructivas.
- **NTP 1016:** Andamios de fachada de componentes prefabricados (II): normas montaje y utilización.

Notas Técnicas de Prevención. La colección de Notas Técnicas de Prevención (NTP) se inició en el año 1982 con la vocación de convertirse en un manual de consulta indispensable para todo prevencionista, y obedece al propósito del INSST de facilitar herramientas técnicas de consulta a los agentes sociales y a los profesionales de la PRL (prevención de riesgos laborales).

1.5.6. Normas UNE EN relativas a equipos de protección

- **UNE-EN 364:1993.** Equipos de protección individual contra la caída de alturas. Métodos de ensayo.
- **UNE-EN 355:2002.** Equipos de protección individual contra caídas de altura. Absorbedores de energía.
- **UNE-EN 361:2002.** Equipos de protección individual contra caídas de altura. Arneses Anticaídas.
- **UNE-EN 362:2005.** Equipos de protección individual contra caídas de altura. Conectores.
- **UNE-EN 365:2005.** Equipo de protección individual contra las caídas de altura. Requisitos generales para las instrucciones de uso, mantenimiento, revisión periódica, reparación, marcado y embalaje.
- **UNE-EN 354:2011.** Equipos de protección individual contra caídas de altura. Equipos de amarre.
- **UNE-EN 795:2012.** Equipos de protección individual contra caídas. Dispositivos de anclaje.
- **UNE-EN 353-1:2014.** Equipos de protección individual contra caídas de altura. Dispositivos anticaídas deslizantes sobre línea de anclaje rígida.
- **UNE-EN 358:2018.** quipo de protección individual para sujeción en posición de trabajo y prevención de caídas de altura. Cinturones y equipos de amarre para posicionamiento de trabajo o de retención.
- **UNE-EN 363:2018.** Equipos de protección individual contra caídas de altura. Sistemas de protección individual contra caídas.
- **UNE-EN 360:2023.** Equipos de protección individual contra caídas de altura. Dispositivos anticaídas retráctiles.
- **UNE-EN 813:2024.** Equipos de protección individual contra caídas. Arneses de asiento.
- **UNE-EN 353-2:2024.** Equipos de protección individual contra caídas de altura. Dispositivos anticaídas deslizantes sobre línea de anclaje flexible.

1.6. MANTENIMIENTO PREDICTIVO. MANTENIMIENTO PREVENTIVO. MANTENIMIENTO CORRECTIVO

El **objetivo final** de un buen mantenimiento industrial es garantizar la producción o el servicio de calidad en cualquier proceso industrial, así como, mantener un correcto funcionamiento de los equipos e instalaciones alargando su vida **útil.**

a) Concepto de mantenimiento eléctrico

Se entiende por mantenimiento eléctrico el proceso o conjunto de procesos mediante los cuales se lleva a cabo una serie de revisiones e intervenciones en las instalaciones, equipos, materiales o cualquier otro elemento que forme parte de una instalación eléctrica, con el fin de detectar o resolver problemas que puedan surgir en un momento dado.

b) Tipos de mantenimiento eléctrico

Básicamente se consideran tres tipos de mantenimiento que son:

- Mantenimiento correctivo.
- Mantenimiento predictivo.
- Mantenimiento preventivo.

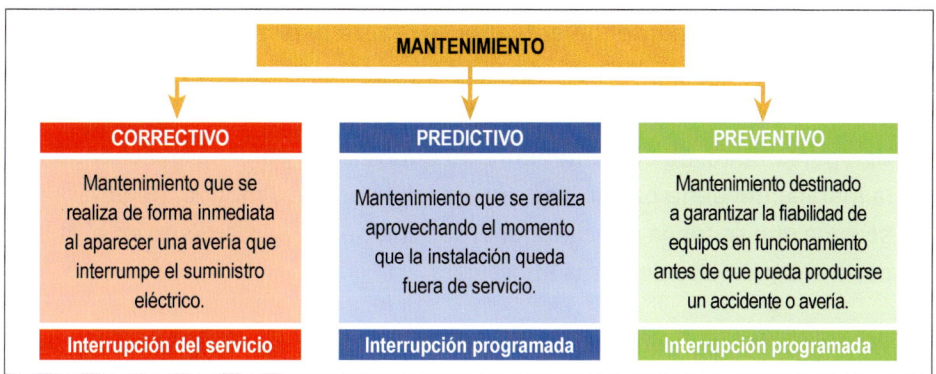

c) Otras formas de mantenimiento

En las operaciones de mantenimiento podemos diferenciar los siguientes tipos de mantenimiento que se comentan a continuación, según diferentes formas de clasificarlos.

1.6.1. ¿Cuáles son los diferentes tipos de mantenimiento?

Resumimos los tipos de mantenimiento que se pueden aplicar a las redes de distribución de la energía eléctrica y sus equipos u otros tipos de instalaciones.

Mantenimiento de conservación

Consiste en reponer los elementos que han sufrido desgaste o envejecimiento por el transcurso del tiempo. Este mantenimiento se puede dividir en los siguientes tipos:

a) Correctivo

Consiste en arreglar un desperfecto y tenemos dos variaciones:

- **Inmediato:** el que se realiza en el mismo momento en el que se identifica el daño.
- **Diferido:** el que se lleva a cabo cuando puede retardarse la sustitución del elemento afectado, en espera de repararse en un momento que no penalice el suministro de energía.

b) Preventivo

Su objetivo es anticiparse a futuros desperfectos del equipo en cuestión. Podemos encontrar, dentro de esta categoría, tres tipos:

- **Programado.** El mantenimiento que se efectúa, aunque no se detecte el problema, en función del tiempo de vida transcurrido, por estar próximo a concluir su previsible vida útil.

- **Predictivo.** Es el mantenimiento que se realiza para anticiparse a la avería, ya que en las revisiones periódicas se ha encontrado que un elemento de la instalación está al límite de su vida útil.

- **De oportunidad.** Es el mantenimiento que se desarrolla aprovechando que la instalación tiene programada una parada por otro motivo. De esta forma se evita que se tenga que detener el suministro en un momento en el que se corta el suministro de forma imprevista.

c) Mantenimiento de actualización

El que se requiere para llevar a cabo las sustituciones que son necesarias por obsolescencia tecnológica. Por ejemplo, sustitución de cable aislado por degradación del aislante.

De todas estas posibilidades de mantenimiento, las más aplicadas son:

- El mantenimiento eléctrico correctivo.
- El mantenimiento eléctrico preventivo.
- El mantenimiento predictivo.

1.6.2. ¿Qué tipo de mantenimiento se le da a las instalaciones eléctricas?

El mantenimiento preventivo y correctivo son uno de los aspectos fundamentales para el correcto funcionamiento de cualquier tipo de instalación eléctrica.

En el caso de las redes de distribución **se debe evitar por todos los medios** que el suministro eléctrico tenga interrupciones no programadas, para lo que las redes deben tener un mantenimiento continuado, eliminando todo riesgo de accidente que se pueda evitar con un mantenimiento programado y bien ejecutado.

1.6.3. Conceptos sobre mantenimiento

El mantenimiento programado o periódico en las instalaciones eléctricas supone maximizar la eficiencia y la seguridad de las mismas, con la intención de mejorar el suministro de la energía eléctrica a los consumidores.

Los beneficios de una estrategia integral de mantenimiento eléctrico combinando técnicas de mantenimiento correctivo, preventivo y predictivo, pueden lograr mejoras significativas en la operatividad de las instalaciones, lo que redunda en beneficios para la explotación, como son la reducción de costes operativos, la minimización de riesgos de accidentes laborales y la mejora en la eficiencia y disponibilidad del suministro.

Un plan de mantenimiento eléctrico bien estudiado y correctamente ejecutado, además de garantizar el suministro, proporciona seguridad para el personal que realiza el trabajo y valoración para la empresa que se encarga del mantenimiento.

El mantenimiento de instalaciones eléctricas en baja tensión consiste en realizar una serie de tareas básicas como el control de las instalaciones, las revisiones e inspecciones visuales, las mediciones y controles, reparaciones, etc., para que las instalaciones estén en perfecto estado de funcionamiento y así poder garantizar el suministro de energía sin interrupciones y con la calidad exigida.

a) Organización del mantenimiento eléctrico

Para realizar un mantenimiento programado de una instalación eléctrica, hay que seguir un método de preparación, ejecución y obtención de resultados.

Las fases de preparación de un mantenimiento programado, podrían ser:

- Tener a disposición toda la documentación.
- Listado de la recopilación de toma de datos.
- Estudio y análisis de los datos.
- Planificación del mantenimiento.
- Preparación del equipo, herramientas y equipos de protección individual y colectiva.
- Ejecución del trabajo.
- Supervisión de resultados y otras gestiones.

1. Mantenimiento sobre cuadro eléctrico.	2. Mantenimiento en la red de distribución.

b) Principales objetivos del mantenimiento

- Mantener en condiciones de funcionamiento la red de suministro, los equipos y los receptores, para lo que hay que conservar en perfecto estado las instalaciones.
- Reducir los costos de mantenimiento.
- Prolongar la vida útil de los activos, en este caso, de las redes eléctricas.
- Minimizar los tiempos de inactividad del suministro.
- Optimizar el rendimiento energético de los equipos.
- Garantizar la seguridad y salud de los trabajadores.
- El mantenimiento integral no debe obviar otros objetivos, como son la protección del medioambiente, el ahorro de energía, la seguridad y la calidad del producto.

1.6.4. Mantenimiento eléctrico predictivo

El concepto principal del mantenimiento eléctrico predictivo consiste en **detectar un fallo antes de que ocurra.** Para lograr este objetivo, hay que recopilar datos, gestionarlos, analizarlos y actuar en consecuencia.

Esta técnica de mantenimiento eléctrico se apoya en herramientas como el análisis de degradación de los materiales, las vibraciones, el análisis de temperatura con equipos de termografía infrarroja, las inspecciones con drones y helicópteros, las visitas periódicas de inspección, ciertos controles y verificaciones diversas, la situación de paralelismo y el cruzamiento de redes, la evolución del arbolado de la zona por la que transcurre la red eléctrica, los controles de la calidad de la corriente suministrada, las interferencias, etc., lo que permite planificar y realizar las tareas de mantenimiento en el momento que más lo precisa la instalación, es decir, antes de que se produzca la avería.

Se puede decir que el concepto principal del mantenimiento eléctrico predictivo es detectar un fallo antes de que ocurra y solucionar el riesgo potencial antes de que se convierta en accidente.

a) Ventajas del mantenimiento predictivo

Partiendo de que el mantenimiento predictivo tiene la premisa de adelantarse al momento en el que se produzca la avería, mediante el control de los síntomas, las ventajas que aporta este mantenimiento son:

- Reducción de fallos y averías en las redes eléctricas.
- Detección temprana de anomalías, antes de que causen paradas o interrupciones.

- Reducción del número de intervenciones.
- Prolongación de la vida útil de los activos.
- Aumento de la disponibilidad de los activos.
- Reducción del tiempo de parada para reparación, al estar todo preparado para la intervención.
- Reducción del tiempo de interrupción del suministro.
- Monitorización de equipos en tiempo real.
- Optimización de piezas y recambios y su preparación para la intervención.
- Mejora de la calidad del servicio.
- Mejor planificación de las intervenciones.
- Alertas parametrizables.
- Ahorro en la gestión de la red eléctrica.

b) Desventajas del mantenimiento predictivo

Las desventajas están en el tema económico y en la calidad del equipo técnico necesario para realizar este tipo de mantenimiento.

- Implica una inversión inicial para el diagnóstico.
- Se requiere una mayor cualificación laboral del personal para que tenga la capacidad de analizar los datos que obtenga en las observaciones.
- Es necesario un equipo informático para almacenamiento y diagnóstico de los datos.
- Precisa dedicar un tiempo al análisis de los datos y a la preparación de las acciones que fuese preciso realizar.

1.6.5. Mantenimiento eléctrico preventivo

El mantenimiento preventivo se basa en determinar una serie puntos básicos que pueden ser los causantes de averías y que hay que tener controlados para prevenir una futura avería, antes de que se materialice.

Este procedimiento de mantenimiento no elimina todo riesgo de avería, pero sí que lo reduce de forma muy sensible, al disponer de un conocimiento real de la instalación en todo momento.

La herramienta principal de este tipo de mantenimiento es la vigilancia y revisión periódica de los equipos e instalaciones, identificando una serie de puntos de control que se revisarán con la periodicidad que se determine.

Este control sobre la instalación permitirá que se reduzca la posibilidad de fallo intempestivo, programando el mantenimiento antes de que se produzca la avería.

Con este mantenimiento se consigue tener una instalación muy controlada y que difícilmente dará problemas imprevistos.

El mantenimiento preventivo puede dividirse en tres tipos:

- **Programado.** Es el mantenimiento que se realiza aplicando un calendario programado de reparaciones. De esta manera todas las máquinas se revisan de manera periódica.

- **De oportunidad.** Es el mantenimiento que se realiza aprovechando los periodos de no utilización de las máquinas o instalaciones, evitando hacer paros cuando se necesita su servicio.

- **Predictivo.** Mediante el análisis de estadísticas, se puede medir el desgaste de los elementos, y así reemplazarlos antes de que llegue la avería.

a) *Ventajas del mantenimiento preventivo*

- El mantenimiento preventivo tiene muchas ventajas, como maximizar la vida útil de los activos, reducir el tiempo de inactividad no planificado y aumentar la eficiencia operativa en general.

- Aumenta la vida útil de los equipos e instalaciones.

- Reduce los costes de mantenimiento.

- Mayor seguridad en las instalaciones a las que se aplica este mantenimiento.

- Mejor control de las instalaciones y planeación del mantenimiento.

- Ayuda a prevenir incidentes, reduciendo de forma apreciable las averías imprevistas.

- Reduce los tiempos de espera.

- Alarga la vida útil de los equipos e instalaciones.

- Mejora las condiciones de seguridad en las que se realiza el trabajo.

- Reduce el número de interrupciones y averías en los equipos.

- Reduce de costes mantenimiento.

- Mejora la calidad del servicio.

- Se planifica con anterioridad las intervenciones.

b) Desventajas del mantenimiento preventivo

Entre las desventajas podría ponerse que se precisa de un equipamiento de personas para realizar el seguimiento y las intervenciones.

1.6.6. Mantenimiento correctivo

Se realiza un mantenimiento eléctrico correctivo cuando es necesario reparar una incidencia o avería, es decir, cuando el fallo o el problema ya se han producido.

Este tipo de mantenimiento trata de reparar las averías ya existentes y que, por lo general, paralizan el proceso productivo.

Cuando se produce una avería en un sistema productivo o, en nuestro caso, en el suministro de energía eléctrica, hay que actuar con rapidez para que la interrupción del suministro sea lo más corta posible, buscando en primer lugar la **causa** que ha originado a interrupción del suministro, actuar con celeridad y reponer el suministro a la mayor brevedad que sea posible.

Para actuar con eficacia y de manera inmediata, se requiere disponer de un equipo de mantenimiento que esté bien cualificado, eficaz y preparado para intervenir al momento, disponiendo de equipamiento, herramientas y materiales apropiados para enfrentarse a la avería que sea preciso reparar.

El problema que tiene este tipo de averías es que no están previstas ni se sospecha que van a producirse, y nos podemos encontrar con que el personal de mantenimiento esté realizando otras tareas o haya que traerlo del exterior, lo que supone una pérdida de tiempo muy valioso si se quiere que la parada sea la más corta posible.

El mantenimiento correctivo es **el que menos conviene a cualquier proceso productivo**, ya que supone una interrupción del proceso mientras no se repare la avería que ha causado la parada.

El mantenimiento correctivo puede dividirse en dos tipos:

- **Mantenimiento correctivo no planificado.** Este tipo de intervención se realiza cuando se produce la avería, que no se sabe cuándo va a suceder y, por tanto, no se tiene ninguna previsión y la situación se puede calificar como de emergencia.

- **Mantenimiento correctivo planificado.** Este tipo se da cuando se dispone de un *stock* de piezas de recambio y se tiene un estudio sobre la forma de actuar en cada caso.

a) Ventajas de este tipo de mantenimiento

- No se requiere una gran infraestructura técnica ni elevada capacidad de análisis.

- No necesita una planificación elaborada de la intervención ya que consiste en corregir las averías en el momento en que se producen.

- Tiene casi siempre una solución concreta, que consiste en el reemplazo de la pieza averiada o su posible reparación.

- El mantenimiento no implica costos mientras no se produzca la avería.

- Para pequeñas instalación suele ser el tipo de mantenimiento aplicado.

b) Desventajas de este tipo de mantenimiento:

- La avería corresponde a un desperfecto que ocurre sin margen de aviso previo y, por lo tanto, la instalación que estaba en servicio interrumpe el suministro en un momento en el que puede necesitarse la energía porque está en un proceso de fabricación importante.

- La avería surge de forma imprevista y puede que en ese momento no se disponga de personal, piezas de recambio o herramientas apropiadas.

- Como las averías se presentan de forma súbita, cuando se dan, origina trastornos a la producción o al servicio que puedan dar.

Reparación de una red eléctrica de distribución después de una tormenta.

- A veces, la calidad del mantenimiento realizado con precipitación puede dar lugar a reparaciones de poca calidad, que pueden volver a fallar en el mismo elemento.

- El tiempo para la reparación de la avería puede prolongarse por falta de personal, de material o de herramientas apropiadas.

- Cuando se interrumpe el servicio por una avería, no habrá restablecimiento del suministro hasta que no se lleve a cabo el mantenimiento correctivo.

- Con este mantenimiento no se cuidan los equipos y las instalaciones, por lo que su vida útil se acorta.

1.6.7. Gestión del mantenimiento

Para gestionar un correcto mantenimiento del tipo que sea, hay que valerse de sistemas informáticos empleando *software* de mantenimiento que se corresponda con el tipo de instalación de que se trate, que en nuestro caso serían las instalaciones o redes de distribución de la energía eléctrica.

Con un *software* de gestión de mantenimiento apropiado se pueden programar operaciones de mantenimiento, gestionar los activos disponibles, controlar las operaciones programadas, analizar las actividades en tiempo real y mucho más.

Gestionar un mantenimiento es una tarea compleja si se hace con papel, regla y bolígrafo. En los tiempos actuales **hay que recurrir a programas informáticos.**

Las aplicaciones informáticas que utilizan *software* especializado para la supervisión y el mantenimiento preventivo son herramientas imprescindibles para evitar la interrupción en los suministros de energía eléctrica y una garantía en la calidad de la misma.

El *software* de gestión de mantenimiento permite la supervisión constante y en tiempo real de activos e infraestructura.

1.6.8. ¿Qué se consigue con la informática de gestión?

La informática de gestión consiste en la aplicación de la informática mediante un *software* de gestión de mantenimiento con el que podrá hacerse el seguimiento de los procesos de fabricación y de sus instalaciones para facilitar la gestión de su funcionamiento y de su mantenimiento, ya que tiene la capacidad de generar informes y análisis.

1. Análisis del riesgo

A partir de la información recogida se conocerá el estado de las instalaciones y los puntos críticos de las mismas sobre los que habrá que intervenir.

2. Recopilación de datos

Para gestionar el mantenimiento, una tarea muy importante es la de recabar datos de la propia instalación informatizada y todos aquellos que se puedan obtener por otros medios.

3. Diseño y seguimiento de recorridos

Con los datos recogidos se podrán establecer rutinas efectivas de supervisión visual u otros procedimientos de control, intervenciones programadas para reparar, sustituir elementos dañados o realizar mejoras en las infraestructuras de las redes de distribución.

4. Creación de un plan de medidas correctivas

El análisis de datos obtenidos es esencial gestionar el mantenimiento, pues de ellos se derivan acciones preventivas que evitarán escenarios de interrupciones de suministro de corriente eléctrica a los consumidores.

5. Materialización de las medidas correctivas

Realizar el mantenimiento que se haya previsto llevar a cabo para que el potencial riesgo no se convierta en avería y, por tanto, en un corte de suministro.

1.6.9. Beneficios de un mantenimiento preventivo basado en la tecnología

- Menos interrupciones en el suministro.

- Mayor calidad de la energía suministrada.

- Menos costes por la gestión del suministro de energía.

- Menos gastos y pérdida de tiempo y de recursos por fallos mayores.

- Mayor vida útil de los materiales.

- Mayor nivel de seguridad en las intervenciones de los trabajadores.

- Menos quejas de los consumidores.

- Más prestigio para la compañía distribuidora al obtener certificaciones relacionadas con la prevención, la seguridad y el respeto a normativas laborales, empresariales y ambientales.

1.6.10. Ventajas que aporta la gestión informática del mantenimiento

Entre las ventajas que se relacionan a continuación están la **facilidad de control y organización** del mantenimiento.

- Información del estado de los transformadores, tableros eléctricos y demás componentes de la red de distribución.
- Planificación de los servicios de rutina.
- Planificar los servicios extraordinarios.
- Una correcta planificación del mantenimiento supone también la preparación y equipamiento API del personal que va a trabajar en la obra. Si se hace correctamente, habrá menos riesgos de accidentes, especialmente cuando se trabaja en altura.
- Designación de técnicos y personal o grupos de técnicos.
- Permite tener un conocimiento a tiempo real de las instalaciones.
- Controlar las horas invertidas en mantenimiento.
- Almacenamiento de registro histórico de servicios.
- Seguimiento de la situación de las instalaciones en todo momento.
- Generación automática de informes de servicios.
- Emisión de informes y certificados.
- Gestión de *stock* (recambios).
- Base de datos sólida, segura e integrable a cualquier sistema.
- Listas de chequeo (*Check list*) personalizables para cada instalación, equipo o sistema.
- Emisión y envío de partes de trabajo que se hayan realizado.
- Geolocalización de técnicos y registro histórico de rutas seguidas.
- Disminución de costes por reparación o sustitución.
- Reducción de cortes de suministro.
- Estabilización de la tensión y de la frecuencia.
- Otras muchas ventajas.

> **Resumen.** Llevar el mantenimiento correctivo mediante fichas se ha sustituido por un mantenimiento preventivo planificado mediante la introducción de procesos informáticos que permiten monitorizar en tiempo real el estado de la maquinaria y sus instalaciones, dando lugar a la transmisión continua de datos para su análisis, facilitando la coordinación y el diagnóstico temprano, a partir de los cuales elaborar patrones que permitan planificar tareas de mantenimiento correctivo y predictivo.

1.7. MANTENIMIENTO DE UNA LÍNEA DE BT. MEDIDAS Y CONTROLES. TERMOGRAFÍA. MEDIDA DE RESISTENCIA DE PUESTA A TIERRA, ENTRE OTRAS

En todas las instalaciones de baja tensión es fundamental garantizar la seguridad de las instalaciones eléctricas y de las personas. Para conseguir este objetivo se realizan inspecciones, verificaciones y certificaciones periódicas para asegurarse de que las instalaciones cumplen con los requisitos de calidad y seguridad exigidos por la normativa vigente.

Recordemos que en el conjunto de las instalaciones eléctricas de baja tensión se distinguen varios tipos de instalaciones, en función de su uso y características técnicas, como pueden ser:

1. Instalación eléctrica

Conjunto de aparatos y de circuitos asociados, en previsión de un fin particular, ya sea para la producción, conversión, transformación, transmisión, distribución o utilización de la energía eléctrica.

2. Instalaciones de distribución

Debemos entender por tales las instalaciones que se estudian en esta obra y que son las encargadas de transportar la energía eléctrica desde el centro de transformación (CT) hasta los diferentes puntos de consumo. Estas instalaciones incluyen elementos como transformadores, cuadros de distribución y líneas eléctricas.

3. Instalaciones de enlace

Son las que conectan la instalación o red de distribución con las diferentes instalaciones de consumo. Incluyen elementos como los contadores eléctricos y los dispositivos de protección.

4. Instalaciones interiores

Son las que se encuentran dentro de los edificios y que suministran energía eléctrica a los diferentes aparatos receptores y dispositivos eléctricos. Estas instalaciones incluyen elementos como las líneas eléctricas, los cuadros de distribución y los dispositivos de protección.

5. Instalaciones especiales

Son aquellas que se utilizan en aplicaciones específicas, como los sistemas de iluminación exterior, sistemas de seguridad y vigilancia, y sistemas de telecomunicaciones. Estas instalaciones requieren de un diseño y dimensionamiento específico para garantizar su correcto funcionamiento.

1.7.1. Mantenimiento de una línea de baja tensión

Las líneas eléctricas deben estar mantenidas para garantizar la continuidad y calidad del servicio así como su seguridad. Esta necesidad requiere que el propietario de la instalación (en este caso, la empresa distribuidora de la energía eléctrica) lleve a cabo un plan de mantenimiento preventivo previamente estudiado, con el objetivo de evitar que puedan darse averías intempestivas que interrumpan el suministro eléctrico a los consumidores.

Según la CNMC (Comisión Nacional de los Mercados y la Competencia), la organización del sector eléctrico es la que se explica en los siguientes apartados.

1.7.1.1. Distribuidores

- Las compañías distribuidoras son las propietarias de la red de distribución y las responsables de transportar la electricidad hasta el cliente final.

- Los distribuidores son los responsables de construir y mantener la red, asegurando un nivel adecuado de calidad de servicio.

- Además, son los encargados de las altas y las bajas de los puntos de suministro, de la resolución de averías en la red y del mantenimiento y la lectura de los contadores.

- Los consumidores, en función del lugar en el que vivan, les corresponde una distribuidora u otra, es decir, el consumidor no puede elegir la distribuidora.

- La retribución de las empresas distribuidoras está regulada. La CNMC es la responsable de determinar la retribución de las empresas y de fijar los precios para trasladar la retribución a los consumidores.

1.7.1.2. Grandes distribuidores

En España existen cinco grandes distribuidoras que cuentan con más de 100 000 puntos de suministro y abarcan casi todo el territorio.

En el Apartado 1.3.2 de este libro ya se han mostrado cuáles eran las principales empresas distribuidoras de electricidad, que recordamos a continuación:

- e-distribución Redes Digitales, SLU. Distribuidora eléctrica del Grupo Endesa.

- i-DE Redes Eléctricas Inteligentes, S.A.U. Empresa de distribución eléctrica del Grupo Iberdrola.

- UFD (Grupo Naturgy).

- E-REDES. Empresa distribuidora eléctrica del Grupo EDP.

- Repsol Electricidad y Gas (antigua Viesgo Energía).

Además, existen más de 300 distribuidoras con menos de 100 000 puntos de suministro. La mayoría de ellas pertenecen a una de las asociaciones de distribuidoras: ASEME, CIDE o APYDE, entre otras.

1.7.1.3. ¿Quién está obligado a realizar el mantenimiento de las instalaciones eléctricas?

La red de distribución eléctrica es propiedad de la compañía distribuidora que opera en una determinada zona del país y es la responsable de su mantenimiento.

El titular de las instalaciones eléctricas está obligado a realizar el mantenimiento de sus instalaciones eléctricas y deberá asegurarse que determinados elementos y dispositivos sean revisados o inspeccionados periódicamente por un OC (Organismo de Control) o por una empresa instaladora, en su caso, para garantizar su funcionamiento correcto y seguro.

a) ¿Qué tipos de mantenimiento se realizan en las instalaciones eléctricas?

Como se ha estudiado en el apartado anterior, las principales técnicas de mantenimiento eléctrico que se llevan a cabo son tres: correctivo, preventivo y predictivo.

Todas las instalaciones de baja tensión ($\leq$ 1000 V en CA) deben cumplir con lo señalado en el Reglamento electrotécnico para baja tensión (REBT), aprobado por Real Decreto 842/2002, de 2 de agosto, publicado en el BOE de 18/09/2002, en sus disposiciones sobre ITC-BT, de la 1 a la 52.

b) Artículo 20 del REBT: Mantenimiento de las instalaciones

Los titulares de las instalaciones deberán mantener en buen estado de funcionamiento sus instalaciones, utilizándolas de acuerdo con sus características y absteniéndose de intervenir en las mismas para modificarlas. Si son necesarias modificaciones, estas deberán ser efectuadas por una empresa instaladora.

1.7.2. Medidas y controles

Las medidas y controles sobre una red de distribución en baja tensión se realizan en todos los elementos de la red, empezando por el cuadro de BT en el centro de transformación (CT) y continuando con la red de distribución y acometida, hasta llegar a las instalaciones de los consumidores finales.

El Cecoel es el Centro de Control Eléctrico de Red, y es responsable de la operación y supervisión coordinada en tiempo real de las instalaciones de generación y transporte del sistema eléctrico nacional.

El Cecoel controla de forma permanente el estado de la red y sus parámetros eléctricos mediante una red de telecomunicaciones, actuando sobre las variables de control para mantener la seguridad y la calidad del suministro o para restablecer el servicio en caso de que se haya producido un incidente. Además, gestiona la información que se recibe en tiempo real desde las centrales de producción y de las instalaciones de la red para presentarla a los operadores en una forma gráfica, fácilmente comprensible, y así efectuar las actuaciones que permitan garantizar la seguridad del sistema eléctrico.

La información en tiempo real sobre las instalaciones que no son propiedad de la Red Eléctrica se reciben en Cecoel desde los centros de control habilitados por el operador del sistema para el envío de las telemedidas en tiempo real que se definen en el P.O. 9.2 de instalaciones de generación y demanda, así como de instalaciones frontera con la red de transporte, incluyendo instalaciones de distribución.

Para proporcionar energía de calidad, se deben atender tres condiciones fundamentales: la **frecuencia**, la **tensión** y la **continuidad del suministro.**

El suministro eléctrico es una energía muy reglamentada y controlada mediante medidas y comprobaciones continuas en magnitudes esenciales del suministro, como son la frecuencia y la tensión —arriba citados—, el circuito de puesta a tierra, de resistencias de aislamiento, la continuidad de los conductores de protección (puestas a tierra) y los dispositivos de protección.

La calidad de la energía eléctrica se garantiza mediante medidas y controles que permiten detectar perturbaciones y eventos anormales en las tensiones, corrientes y frecuencias.

La finalidad de las medidas y controles es garantizar que la energía que llega a los usuarios o consumidores sea de la máxima calidad, para, de esta forma, garantizar el correcto funcionamiento de los receptores.

Las anomalías que se pueden dar en el suministro de energía eléctrica pueden tener diversas causas, como pueden ser en su origen (generación) en la transformación o en las redes y en nuestro caso, en las redes de distribución.

Un instrumento básico en la comprobación de la calidad de la energía eléctrica es el analizador de red y energía que miden todos los parámetros de tensión y corriente y permiten realizar un diagnóstico de la calidad de la energía eléctrica.

Las funciones de estos instrumentos permiten adquirir y registrar simultáneamente todos los parámetros, transitorios, alarmas y formas de onda que se analizarán con el *software* que incorpora el propio instrumento.

a) Normas de compatibilidad electromagnética (CEM)

La Directiva 2014/30/UE trata sobre la compatibilidad electromagnética CEM.

- **Compatibilidad electromagnética:** capacidad de que un equipo funcione de forma satisfactoria en su entorno electromagnético sin introducir perturbaciones electromagnéticas intolerables para otros equipos en ese entorno.

- **Perturbación electromagnética:** cualquier fenómeno electromagnético que pueda crear problemas de funcionamiento a un equipo. Una perturbación electromagnética puede consistir en un ruido electromagnético, una señal no deseada o una modificación del propio medio de propagación.

Normas relacionadas

- **UNE-EN 50160:2023.** Características de la tensión suministrada por las redes públicas de electricidad.

- **UNE-EN 61000-4-7:2004.** Compatibilidad electromagnética (CEM). Parte 4-7: Técnicas de ensayo y de medida. Guía general relativa a las medidas de armónicos e interarmónicos, así como a los aparatos de medida, aplicable a las redes de suministro y a los aparatos conectados a estas.

- **UNE-EN 61000-4-15:2012.** Compatibilidad electromagnética (CEM). Parte 4-15: Técnicas de ensayo y de medida. Medidor de flicker. Especificaciones funcionales y de diseño.

- **UNE-EN 61000-4-30:2015 (CEI 61000-4-30).** Compatibilidad electromagnética (CEM). Parte 4-30: Técnicas de ensayo y de medida. Métodos de medida de la calidad de suministro.

b) Parámetros de calidad eléctrica

La calidad eléctrica se mide por los siguientes parámetros:

1. **Frecuencia.** Debe estar en torno a los 50 Hz, dentro de las tolerancias permitidas.

2. **Tensión** de alimentación. La que señala el Reglamento REBT.

3. *Flicker.* Es un parámetro que determina el grado de fluctuaciones de tensión en las redes eléctricas y que permite evaluar el impacto en el cuerpo humano.

4. **Huecos de tensión.** Son un fenómeno eléctrico que se produce de forma repentina en un punto determinado de la red eléctrica, y que da lugar a una disminución de la tensión por debajo de un valor umbral (habitualmente 0,9 p.u.) como consecuencia de un aumento extremo de la corriente.

5. **Sobretensiones,** que pueden ser transitorias o permanentes.

6. **Variaciones** rápidas de la tensión.

7. **Interrupciones** del suministro eléctrico.

8. **Transitorios.** Son una variación de alta frecuencia, o de alta velocidad, de una tensión o señal nominal de trabajo que pueden ocasionar problemas de funcionamiento o daño en el equipo electrónico.

9. **Desequilibrio eléctrico.** Un desequilibrio eléctrico puede deberse a varias razones: un problema en la alimentación, fases caídas y las fluctuaciones de tensión, la generación de armónicos, transitorios y desequilibrios entre la tensión y la corriente.

10. **Armónicos eléctricos.** Son perturbaciones en la frecuencia real de la señal eléctrica que se originan dentro de las propias instalaciones.

11. **Interarmónicos.** Los interarmónicos son tensiones o corrientes cuya frecuencia es un múltiplo no entero de la frecuencia fundamental de suministro (por ejemplo, 50,3 Hz en lugar de 50 Hz).

12. **Transmisión de señales.** Transmisión de datos a través de la red eléctrica.

1.7.3. Principales instrumentos de medida para el diagnóstico de anomalías

El electricista dispone de una gama muy amplia de instrumentos de medida. Entre los más empleados están los que se citan a continuación:

- Pinzas multimétricas.

- Voltímetros, amperímetros, vatímetros, contadores de energía u otros.

- Multímetros o polímetros.

- Comprobador de aislamiento y continuidad.

- Comprobador de bucle de tierra.

- Comprobador de diferenciales.

- Medidores de impedancia de bucle:
  - Fase a tierra.
  - Fase a neutro.
  - Fase a fase.

- Analizador de redes eléctricas, que es un aparato multifunción con el que se puede visualizar directamente la potencia en W o KWh, medir armónicos, corriente continua, corriente alterna, tensión de CA y de CC, la sobretensión, etc.

- También sirve para analizar las propiedades de una instalación y, además, verifica la capacidad de carga, ayuda a conocer el consumo, a detectar problemas en los armónicos y a controlar el voltaje y la sobretensión.

- Indicador del sentido del campo giratorio, que permite determinar el sentido de giro en una alimentación de corriente trifásica, así como las fases sometidas a tensión.

- Medidor de aislamiento para alta tensión que detecta las resistencias de aislamiento muy elevadas.

- Medidor de rotación para diferentes rangos de tensión.

- Comprobadores multifunción: prueba RCD[1], prueba de bucle[2], prueba de continuidad y resistencia, prueba de aislamiento, pruebas de tierra, prueba de tensión, rotación y frecuencia, etc.

> **Nota.** Respecto a este tema, debemos tener en cuenta lo que dice la introducción a la instrucción ITC-BT-05 del REBT, sobre «verificaciones e inspecciones» y que podemos leer en el Apartado 1.8.1 «Índice de materias tratadas en la ITC-BT-05 y la GUÍA-BT-05», de esta misma obra.

---

[1] Los dispositivos de seguridad RCD están diseñados para interrumpir rápidamente la alimentación durante el período de avería eléctrica, lo que reduce los riesgos de electrocución e incendios eléctricos.

[2] Las pruebas de bucle se aplican principalmente a esquemas de distribución del neutro (entre fase y neutro) TN e IT, para verificar el correcto dimensionamiento de las protecciones eléctricas, como son los fusibles, interruptores automáticos magnetotérmicos o diferenciales.

La medición de impedancia de bucle o de defecto en sistemas de distribución TT se aplica para realizar la medición de puesta a tierra sin necesidad de emplear los electrodos auxiliares ni de desconectar la toma de tierra de la instalación. La medición a tres hilos con una pequeña corriente (3Lo) se emplea en instalaciones donde hay instalada una protección diferencial y se desea evitar el disparo de esta.

La impedancia de bucle (Zs) está compuesta por una serie de elementos, como es la resistencia del conductor de línea y el conductor de puesta a tierra, hasta la resistencia en la pica de tierra del transformador. Cada uno de estos elementos tiene un papel importante en garantizar que las corrientes de defecto sean operativas y accionen correctamente los dispositivos de protección.

La medición periódica de la impedancia de bucle se convierte en un componente esencial del mantenimiento preventivo en instalaciones eléctricas. Esta práctica asegura la fiabilidad del sistema, minimiza riesgos de fallos inesperados y reduce interrupciones, asegurando así la continuidad del suministro eléctrico.

Seguidamente se muestran algunos de los instrumentos de medida citados en el Apartado 1.7.3.

Medidas	Rango	Precisión
Tensión DC	4 V/40 V/400 V/600 V	± (1,0 % + 3)
Tensión AC	400 V/600 V	± (1,5 % + 5)
Corriente AC	400 A/600 A	± (2,5 % + 5)
Resistencia	400 Ω/4kΩ/40KΩ/400k Ω	± (1,0 % + 3)
Frecuencia	100 Hz/1 kHz/10 kHz/100 kHz/500 kHz	± (0,5 % + 4)
Temperatura	(−40 ~ 750) ºC	± (1,0 % + 5)

1. Pinza multimétrica.

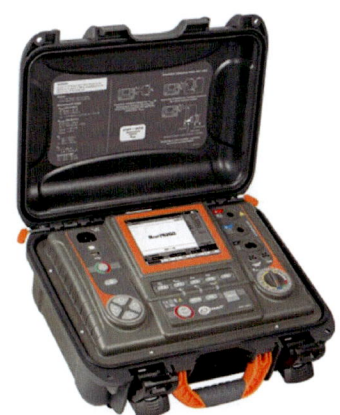

2. Multímetro: instrumento eléctrico con el que se pueden medir varias magnitudes eléctricas:
- Tensión AC y DC de hasta 1000 V.
- Intensidad 600 A, AC.
- TRMS AC.
- Resistencia y continuidad sonora.
- Análisis mín. y máx.
- Medidas relativas y diferenciales.
- Medida de las sobreintensidades TrueInrush.
- Temperatura con Termopar Tipo K: −60 ºC / 1000 ºC.

3. Megóhmetro: instrumento eléctrico con el que se mide la resistencia de aislamiento a una tensión determinada:
- Tensión de ensayo ajustable desde 50 hasta 10 000 V. Es posible ajustar la tensión en pasos de 10 o 25 V. Alcance hasta 40 TΩ.
- Medición de la corriente de fuga. Corrientes de prueba: 1, 2, 3, 6 mA.
- Modo de quemado para localización de la falta.
- Medición de voltaje AC y DC, hasta 750 V.
- Ensayos de escalones de tensión y medición automática del índice de absorción, del índice de polarización y de la descarga dieléctrica.

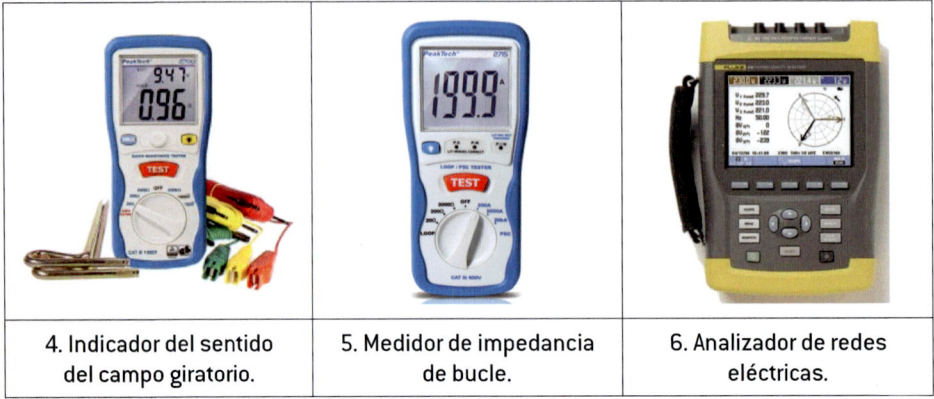

4. Indicador del sentido del campo giratorio.	5. Medidor de impedancia de bucle.	6. Analizador de redes eléctricas.

1.7.4. Termografía

Se define como termografía a la técnica de registro de las diferencias de temperatura que presenta la superficie de un cuerpo, basada en la captación de las radiaciones infrarrojas que emite.

La termografía es una técnica que se utiliza para detectar la radiación (calor) procedente de un objeto, convertirla en temperatura y mostrar una imagen de la distribución de la misma.

1.7.4.1. ¿Qué es la termografía infrarroja?

La luz infrarroja está en la mitad de los espectros de luz visible y las microondas del espectro electromagnético. La fuente principal de radiación de infrarrojos es el calor o la radiación térmica. Cualquier objeto con una temperatura superior al cero absoluto ($-273,15$ °C o 0 K —Kelvin—) emite radiación en la región infrarroja. Incluso los objetos fríos, como podría ser un trozo de hielo, emiten rayos infrarrojos.

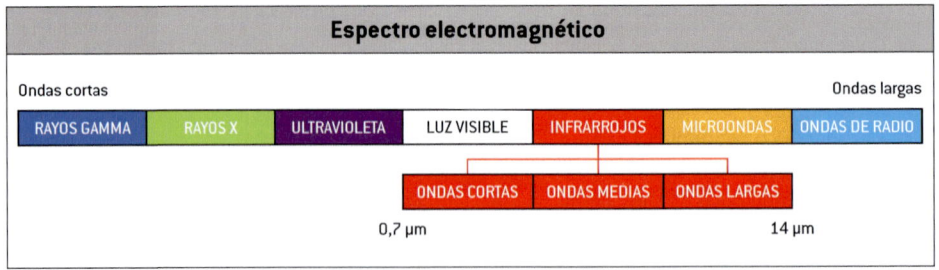

La termografía infrarroja es una técnica que permite medir temperaturas a media o larga distancia sin necesidad de contacto físico con el objeto. Usando una cámara de revisión termográfica o un termómetro es posible captar la intensidad de la radiación infrarroja emitida por un cuerpo.

Se trata de una herramienta muy útil en el mantenimiento predictivo de instalaciones eléctricas y que es utilizada para detectar puntos calientes que podrían derivar en averías o incluso incendios por sobrecalentamiento.

Las cámaras portátiles termográficas se emplean para inspeccionar instalaciones, ya que son capaces de detectar un exceso de temperatura o sobrecalentamiento en cualquier punto de la instalación eléctrica mediante la toma de imágenes digitales y térmicas.

¿Dónde se producen excesos de temperatura?

Los excesos de temperatura o sobrecalentamiento se pueden provocar en conexiones defectuosas, por sobrecargas en los conductores, por defectos de aislamiento, por mal apriete de terminales o por desgaste de contactos en aparatos eléctricos.

Aplicar la termografía al mantenimiento preventivo de las instalaciones eléctricas permite adelantarse a que se produzcan averías en las instalaciones, que en algunos casos pueden ser muy graves, y más si se tiene en cuenta que las redes eléctricas de distribución deben estar operativas las veinticuatro horas del día y que los consumidores de energía eléctrica penalizan mucho cualquier interrupción.

1.7.4.2. Termografía en instalaciones eléctricas de baja tensión

En las inspecciones periódicas en instalaciones eléctricas de baja tensión se emplea la termografía como una herramienta de verificación y búsqueda de anomalías.

a) ¿Dónde se originan puntos calientes en una red eléctrica?

Las principales causas de puntos calientes en una red eléctrica son:

- **Mal contacto** entre conductores, en derivaciones, en empalmes, en terminales, en cajas o armarios eléctricos.

  Un contacto deficiente da lugar a un aumento de la resistencia que se convierte en calor cuando circula intensidad de corriente por dicho punto.

- **Sobrecargas en los conductores.** Las sobrecargas continuadas en los conductores dan lugar a calentamiento de los mismos y a la degradación del aislamiento, si lo tienen.

- **Desequilibrio entre fases.** Cuando hay un desequilibrio importante en las fases de una red trifásica es probable que la fase con más intensidad esté sobrecargada, dando lugar a que se caliente.

También se puede incrementar la corriente en los conductores por falta una de las fases del sistema.

- **Situaciones próximas al cortocircuito.** En los casos en que el aislamiento pierde sus propiedades se puede dar un incremento de la temperatura en ese punto.

b) ¿Cómo se hace la inspección por termografía infrarroja?

Respecto a la termografía infrarroja existen diferentes sistemas para realizar revisiones en las redes eléctricas y sus componentes, entre los que destacan los **termómetros** de infrarrojos y las **cámaras** termográficas, por su uso sencillo y su máxima efectividad.

A continuación se presentan estos dos tipos de aparatos de medida de la temperatura sin contacto directo.

1. Termómetro infrarrojo industrial de: −50 a 550 °C.	2. Cámara termográfica de: −20 a +120 °C 0 a +350 °C.

Los **termómetros** infrarrojos son apropiados para la lectura de la temperatura en un punto concreto, mientras que las cámaras termográficas son más útiles para analizar componentes de mayor tamaño como redes eléctricas (cables, empalmes, contactos, derivaciones, cajas de derivación, transformadores) y a nivel de receptores están los motores y la aparamenta en general.

Las **cámaras térmicas** portátiles facilitan la detección de puntos calientes en inspecciones de puntos fijos y concretos como los que se han relacionado más arriba, lo que permite localizar posibles averías antes de que den lugar a una incidencia grave que pueda paralizar el suministro de energía eléctrica, fin principal de las redes de distribución. De esta forma se obtiene un informe con la variación de la temperatura y los puntos calientes que se hayan detectado, sobre los que debe hacerse una revisión y su correspondiente corrección.

Para la manipulación de estos instrumentos se requiere personal que sea conocedor de esta tecnología, por lo que el profesional que realiza el mantenimiento de las redes eléctricas de baja tensión será capaz de analizar los resultados que se hayan medido y dar una solución al problema que se haya podido detectar.

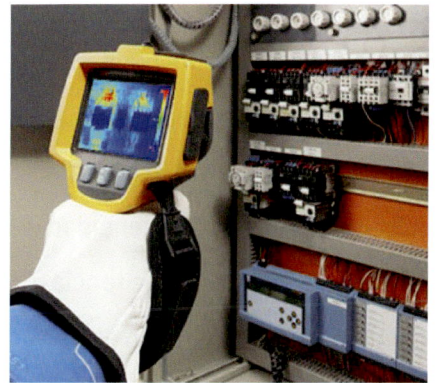

3. Cámara termográfica portátil. Medición: −20 °C a 650 °C.	4. Medición termográfica de los componentes de un cuadro eléctrico.

1.7.4.3. Verificaciones e inspecciones

Para el tratamiento de esta materia se tendrá en cuenta lo señalado por la instrucción sobre Verificaciones e inspecciones (ITC-BT-05), recogida en el Real Decreto 842/2002, de 2 de agosto, por el que se aprueba el Reglamento electrotécnico para baja tensión.

GUÍA-BT, ANEXO 4: La verificación de las instalaciones eléctricas

El alcance de esta verificación se detalla en la ITC-BT-19 y en la norma UNE-HD 60364-6:2017, Instalaciones eléctricas de baja tensión. Parte 6: Verificación.

Adicionalmente la ITC-BT-18, en el REBT, establece las verificaciones que deben realizarse en las puestas a tierra.

En el ANEXO 4 de la *GUÍA-BT*, en el punto 2, *Verificaciones mediante medidas o ensayos*, se describe el procedimiento que debe seguirse para realizar las medidas y comprobaciones expuestas en la ITC-BT-19 e ITC-BT-18, que son las siguientes:

1. Medida de continuidad de los conductores de protección.

2. Medida de la resistencia de puesta a tierra.

3. Medida de la resistencia de aislamiento de los conductores.

4. Medida de la resistencia de aislamiento de suelos y paredes, cuando se utilice este sistema de protección.

5. Medida de la rigidez dieléctrica.

Adicionalmente hay que considerar otras medidas y comprobaciones que son necesarias para garantizar que se han adoptado convenientemente los requisitos de protección contra choques eléctricos:

6. Medida de las corrientes de fuga.

7. Medida de la impedancia de bucle.

8. Comprobación de la intensidad de disparo de los diferenciales.

9. Comprobación de la secuencia de fases.

A continuación, se estudian algunas de las mediciones arriba citadas.

1.7.5. Medidas de resistencia de puesta a tierra

Medida reglamentaria de resistencia de puesta a tierra

Dada la importancia desde el punto de vista de la seguridad de la instalación de la toma de tierra, esta deberá ser comprobada en el momento de la puesta en marcha de la instalación y también periódicamente. Se realiza con la ayuda de un telurómetro y debe estar por debajo de un determinado valor.

Las condiciones de medida y su periodicidad se indican en la ITC-BT-18 del REBT.

> Por la importancia que ofrece, desde el punto de vista de la seguridad, cualquier instalación de toma tierra, deberá ser comprobarse **obligatoriamente** por el director de la obra o Instalador Autorizado en el momento de dar de alta la instalación para su puesta en marcha o en funcionamiento.
>
> El personal técnicamente competente efectuará la comprobación de la instalación de puesta a tierra, al menos anualmente, en la época en la que el terreno esté más seco. Para ello, se medirá la resistencia de tierra y se repararán con carácter urgente los defectos que se encuentren.
>
> En los lugares en que el terreno no sea favorable a la buena conservación de los electrodos, estos y los conductores de enlace entre ellos hasta el punto de puesta a tierra, se pondrán al descubierto para su examen al menos una vez cada cinco años.

Estas medidas se efectúan mediante un telurómetro, que inyecta una intensidad de corriente alterna conocida a una frecuencia superior a los 50 Hz, y mide la caída de tensión, de forma que el cociente entre la tensión medida y la corriente inyectada arroja el valor de la resistencia de puesta a tierra.

La conexión se efectúa a tres terminales, tal y como se indica en la figura, de forma que la intensidad se inyecta entre E y H, y la tensión se mide entre S y ES. El electrodo de puesta a tierra está representado por RE, mientras que los otros dos electrodos hincados en el terreno son dos picas auxiliares de unos 30 cm de longitud que se suministran con el propio telurómetro. Los tres electrodos se deben situar en línea recta.

Durante la medida, el electrodo de puesta a tierra cuya resistencia a tierra (RE) se desea medir debe estar desconectado de los conductores de puesta a tierra. La distancia entre la sonda (S) y el electrodo de puesta a tierra (E/ES), al igual que la distancia entre (S) y la pica auxiliar (H) debe ser al menos de veinte metros. Los cables no se deben cruzar entre sí para evitar errores de medida por acoplamientos capacitivos.

La medida efectuada se puede considerar como correcta si, cuando se desplaza la pica auxiliar (S) de su lugar de hincado un par de metros a izquierda y derecha en la línea recta formada por los tres electrodos, el valor de resistencia medido no experimenta variación. En caso contrario es necesario ampliar la distancia entre los tres electrodos de medida hasta que se cumpla lo anterior.

Se puede medir también la resistividad del terreno mediante telurómetros que permiten una conexión a cuatro terminales.

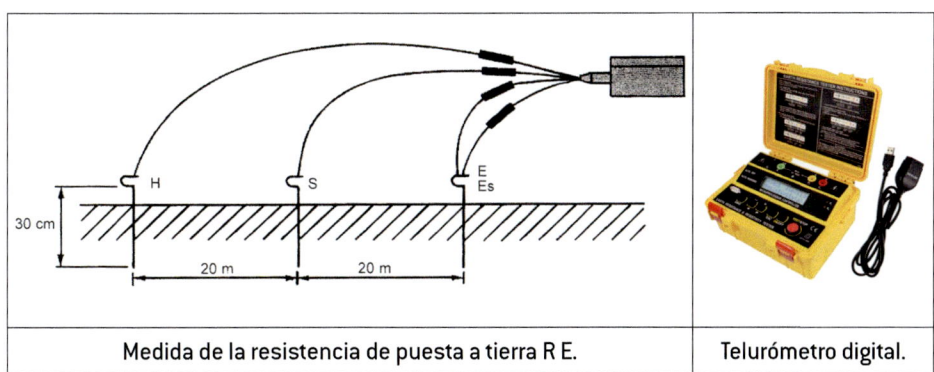

Medida de la resistencia de puesta a tierra R E.	Telurómetro digital.

1.7.6. Otras medidas

En este punto se tratan diversas medidas que se realizan en los circuitos eléctricos y que complementan las que se han estudiado con anterioridad en esta misma obra.

La medición de los circuitos permite conocer su estado y así actuar como proceda.

1.7.6.1. Medida de la resistencia de aislamiento de la instalación

Las instalaciones deberán presentar una resistencia de aislamiento al menos igual a los valores indicados en la tabla siguiente.

Tabla 1. Valores mínimos de resistencia de aislamiento de una instalación

Tensión nominal de la instalación	Tensión de ensayo en corriente continua (V)	Resistencia de aislamiento (MΩ)
Muy Baja Tensión de Seguridad (MBTS) Muy Baja Tensión de protección (MBTP)	250	≥ 0,25
Inferior o igual a 500 V, excepto en el caso anterior.	500	≥ 0,5
Superior a 500 V	1000	≥ 1,0

Este aislamiento se entiende para una instalación en la cual la longitud del conjunto de canalizaciones, y cualquiera que sea el número de conductores que las componen, no exceda de 100 metros. Cuando esta longitud exceda del valor anteriormente citado y pueda fraccionarse la instalación en partes de aproximadamente 100 metros de longitud, bien por seccionamiento, desconexión, retirada de fusibles o apertura de interruptores, cada una de las partes en que la instalación que ha sido fraccionada debe presentar la resistencia de aislamiento que corresponda según la tabla anterior.

Cuando no sea posible efectuar el fraccionamiento citado en tramos de 100 metros, el valor de la resistencia de aislamiento mínimo admisible será el indicado en la tabla 1 dividido entre la longitud total de la canalización, expresada ésta última en unidades de hectómetros.

Si las masas de los aparatos receptores están unidas al conductor neutro (redes T-N), se suprimirán estas conexiones durante la medida, restableciéndose una vez terminada esta.

Cuando la instalación tenga circuitos con dispositivos electrónicos, en dichos circuitos los conductores de fase y el neutro estarán unidos entre sí durante las medidas.

El aislamiento se medirá de dos formas distintas: en primer lugar, entre todos los conductores del circuito de alimentación (fases y neutro) unidos entre sí con respecto a tierra (aislamiento con relación a tierra), y a continuación entre cada pareja de conductores activos. La medida se efectuará mediante un megóhmetro, que no es más que un generador de corriente continua capaz de suministrar las tensiones de ensayo especificadas en la tabla anterior con una corriente de 1 mA para una carga igual a la mínima resistencia de aislamiento especificada para cada tensión.

1.7.6.2. Ensayo dieléctrico de la instalación

Por lo que respecta a la rigidez dieléctrica de una instalación, ha de ser tal que, desconectados los aparatos de utilización (receptores), resista durante 1 minuto una prueba de tensión de 2U + 1000 voltios a frecuencia industrial (50 Hz), siendo U la tensión máxima de servicio expresada en voltios y con un mínimo de 1500 voltios. Este ensayo se realizará para cada uno de los conductores, incluido el neutro o compensador, con relación a tierra y entre conductores, salvo para aquellos materiales en los que se justifique que haya sido realizado dicho ensayo previamente por el fabricante.

Este ensayo se efectúa mediante un generador de corriente alterna de 50 Hz capaz de suministrar la tensión de ensayo que se requiera.

Durante este ensayo los dispositivos de interrupción se pondrán en la posición de «cerrado» y los cortacircuitos fusibles instalados como en servicio normal, a fin de garantizar la continuidad del circuito eléctrico que deba probarse.

Este ensayo no se realizará en instalaciones correspondientes a locales que presenten riesgo de incendio o explosión.

Durante este ensayo, la corriente suministrada por el generador, que es la que se fuga a tierra a través del aislamiento, no será superior para el conjunto de la instalación —o para cada uno de los circuitos en que esta pueda dividirse a efectos de su protección— a la sensibilidad que presenten los interruptores diferenciales instalados como protección contra los contactos indirectos.

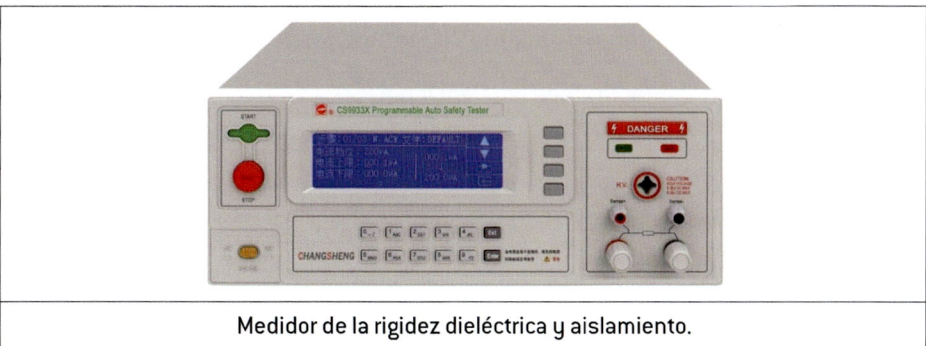

Medidor de la rigidez dieléctrica y aislamiento.

1.7.6.3. Medida de corrientes de fuga

La medida reglamentaria de corrientes de fuga se realiza para cada uno de los circuitos protegidos por diferenciales, a la tensión de servicio y con los receptores conectados. Su valor deberá ser inferior a la mitad de la sensibilidad del interruptor diferencial que nos ocupe. Se usa una pinza amperimétrica de sensibilidad mínima de 1 mA.

En circuito monofásico	En circuito trifásico
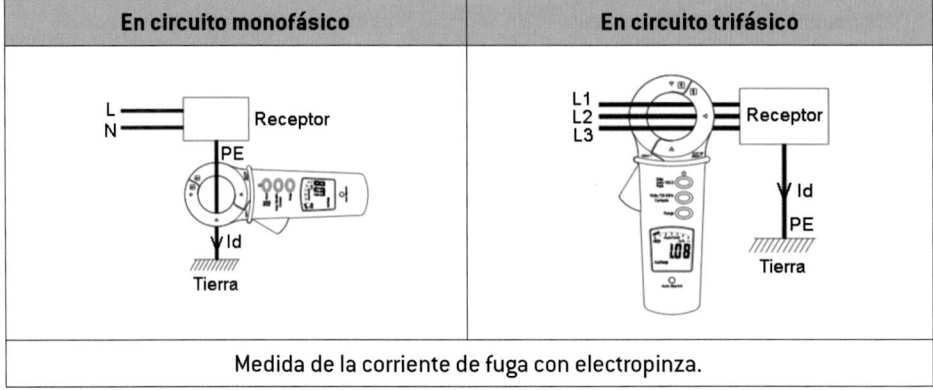	
Medida de la corriente de fuga con electropinza.	

1.7.6.4. Medida de la tensión de contacto y comprobación de los interruptores diferenciales

Cuando el sistema de protección contra los choques eléctricos está confiado a interruptores diferenciales, como es habitual cuando se emplean sistemas de distribución del tipo TT, se debe cumplir la siguiente condición:

$$RA \times I_a \leq U$$

Donde:

- **RA** es la suma de las resistencias de la toma de tierra y de los conductores de protección de masas.

- I_a es la corriente diferencial-residual asignada del diferencial.

- **U** es la tensión de contacto límite convencional (50, 24 V u otras, según los casos).

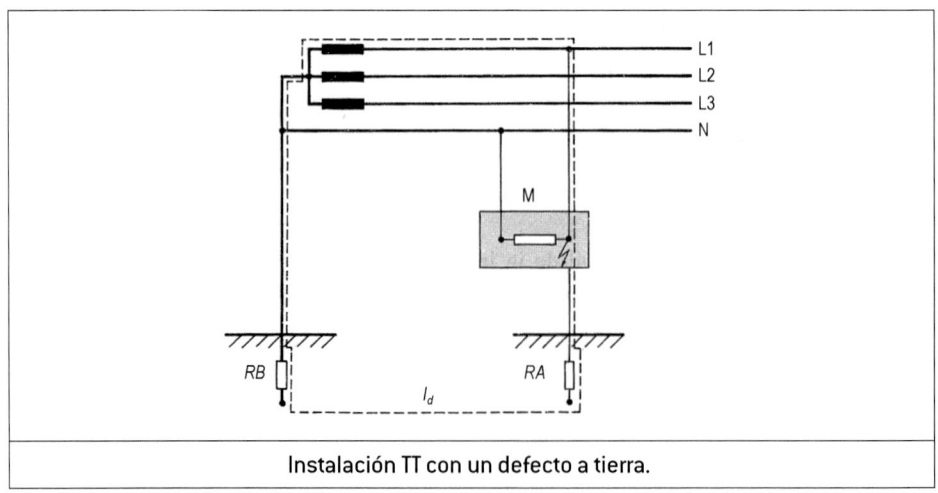

Instalación TT con un defecto a tierra.

Para garantizar la seguridad de la instalación se tienen que dar dos condiciones: la primera, que la tensión de contacto que se pueda presentar en la instalación en función de los diferenciales instalados sea menor que el valor límite convencional (50 V o 24 V) y la segunda, que los diferenciales funcionen correctamente.

a) Medida de la tensión de contacto

En la práctica, los medidores de impedancia de bucle que sirven también para medir el valor de la tensión de contacto no suelen ser capaces de medir únicamente el valor de la resistencia RA, sino que miden el valor de la impedancia de todo el bucle indicado en la figura anterior, incluyendo la resistencia de tierra del centro de transformación (RB), de forma que se obtiene un valor superior al valor buscado de RA. Finalmente, el medidor multiplica este valor por la intensidad asignada del interruptor diferencial que nosotros hayamos seleccionado para obtener así la tensión de contacto:

$$U_c = Z_s \times I_a$$

Donde:

- U_c es la tensión de contacto calculada por el medidor.

- Z_s es la impedancia de bucle de defecto (mayor que la resistencia de puesta a tierra RA).

- I_a es la intensidad diferencial asignada que hemos programado en el medidor.

Como la impedancia de bucle es siempre mayor que la de puesta a tierra el valor de la tensión de contacto medida siempre será mayor que el valor real y estaremos del lado de la seguridad.

La instalación será segura si la tensión de contacto medida es menor que la tensión de contacto límite convencional.

b) Comprobación de los interruptores diferenciales

Medida reglamentaria de respuesta y sensibilidad de los diferenciales. Se consigue inyectando, a través del diferencial a prueba, una corriente de fuga especificada y conocida que deberá hacer disparar el interruptor diferencial dentro de un tiempo determinado. Se realiza en cualquier base de enchufe aguas abajo del diferencial que se esté comprobando, estando la instalación en servicio.

La comprobación de diferenciales requiere de un aparato capaz de inyectar a través del diferencial que esté bajo prueba una corriente de fugas especificada y conocida que, según su valor, deberá hacer disparar el diferencial. Para hacer la prueba, el comprobador se conecta en cualquier base de enchufe aguas abajo del diferencial en ensayo, estando la instalación en servicio. Además, cuando dispare el diferencial, el comprobador debe ser capaz de medir el tiempo que tardó en disparar desde el instante en que se inyectó la intensidad de fugas.

Normalmente estos equipos inyectan una corriente senoidal, pero, para comprobar algunos diferenciales especiales, a veces es necesario también que sean capaces de inyectar corriente alterna rectificada de media onda o una corriente continua.

Las pruebas habituales para comprobar el funcionamiento de un diferencial del tipo general son las siguientes:

- Se inyecta una intensidad mitad de la intensidad diferencial residual asignada, con un ángulo de fase de corriente respecto de la onda de tensión de 0°, y el diferencial no debe disparar.

- Se repite la prueba anterior con un ángulo de fase de 180° y el diferencial no debe disparar.

- Se inyecta una intensidad igual la intensidad diferencial residual asignada, con un ángulo de fase de corriente respecto de la onda de tensión de 0°, y el diferencial debe disparar en menos de 200 ms.

- Se repite la prueba anterior con un ángulo de fase de 180° y el diferencial debe disparar en menos de 200 ms.

- Se inyecta una intensidad igual al doble de la intensidad diferencial residual asignada, con un ángulo de fase de corriente respecto de la onda de tensión de 0°, y el diferencial debe disparar en menos de 150 ms.

- Se repite la prueba anterior con un ángulo de fase de 180° y el diferencial debe disparar en menos de 150 ms.

- Se inyecta una intensidad igual a cinco veces la intensidad diferencial residual asignada, con un ángulo de fase de corriente respecto de la onda de tensión de 0°, y el diferencial debe disparar en menos de 40 ms.

- Se repite la prueba anterior con un ángulo de fase de 180° y el diferencial debe disparar en menos de 40 ms.

Para los diferenciales selectivos del tipo S las pruebas tienen otros límites de aceptación.

- Selección de la corriente de defecto (IΔn): 10/30/100/300/500 mA.
- Tiempos de disparo para: ½,1 y 5 IΔn.
- Polaridad (0° y 180°).
- Rampa IΔn disparo.
- 80-440 Vca. 45-65 Hz.
- Selección de la Uc máx.: 25 o 50 V.
- Medición U de L-N y L-PE.
- Medición resistencia de lazo (RL: 0,5 IΔn) y Uc: 0-99,9 V.

Comprobador de interruptores diferenciales.

1.7.6.5. Comprobación de la secuencia de fases

La medida reglamentaria de comprobación de secuencia de fases sirve para determinar el orden en que se encuentran las fases en un circuito determinado. A esto se le llama «secuencia de fases» y su principal aplicación es asegurarnos del sentido de giro de un motor trifásico conectado en este circuito.

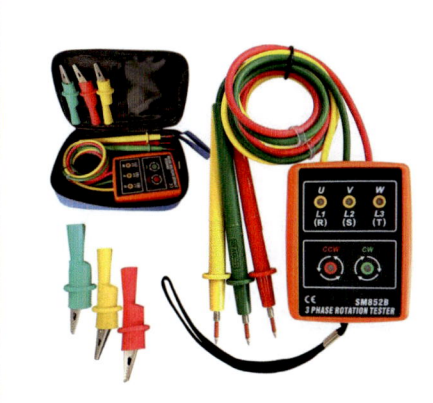

Probador de secuencia de tres fases. Comprobador de medidor de rotación de fase 20 Hz - 400 Hz.

Detector de orden de indicador de fase.

Secuenciador de fase 60 V a 600 V CA con LED y zumbador.

Comprobador de las secuencias de las fases (secuenciador de fases).

1.8. REVISIONES DE MANTENIMIENTO. RECONOCIMIENTO REGLAMENTARIO

Dentro de las posibilidades de mantenimiento para las redes de distribución que se han estudiado (correctivo, predictivo y preventivo), está el **mantenimiento rutinario** que está dentro de una estrategia bien estudiada y organizada por parte de las compañías distribuidoras respecto a la conservación de sus redes, con personal bien preparado y equipado.

Las instalaciones de baja tensión, del tipo que sean, tendrán las revisiones que determina el reglamento electrotécnico para baja tensión que se recogen en la ITC-BT-05 y su correspondiente GUÍA-BT-05.

1.8.1. Índice de materias tratadas en la ITC-BT-05 y la GUÍA-BT-05

Tanto la instrucción como la guía técnica tienen el mismo índice de materia.

Nota. Se aconseja su lectura.

ITC-BT-05 GUÍA-BT-05	VERIFICACIONES E INSPECCIONES
1. **Objeto**	
2. **Agentes intervinientes**	
3. **Verificaciones previas a la puesta en servicio**	
4. **Inspecciones**	
4.1. Inspecciones iniciales	
4.2. Inspecciones periódicas	
5. **Procedimiento**	
6. **Clasificación de defectos**	
6.1. Defecto Muy Grave	
6.2. Defecto Grave	
6.3. Defecto Leve	

1. Objeto

La presente Instrucción tiene por objeto desarrollar las previsiones de los artículos 18 y 20 del Reglamento Electrotécnico para Baja Tensión, en relación con las verificaciones previas a la puesta en servicio e inspecciones de las instalaciones eléctricas incluidas en su campo de aplicación.

3. Verificaciones previas a la puesta en servicio

Las instalaciones eléctricas en baja tensión deberán ser verificadas, previamente a su puesta en servicio y según corresponda en función de sus características, siguiendo la metodología de la norma UNE 20.460-6-61.

4. Inspecciones

Las instalaciones eléctricas en baja tensión de especial relevancia que se citan a continuación, deberán ser objeto de inspección por un Organismo de Control, a fin de asegurar, en la medida de lo posible, el cumplimiento reglamentario a lo largo de la vida de dichas instalaciones.

Las inspecciones podrán ser:

- **Iniciales:** antes de la puesta en servicio de las instalaciones.

- **Periódicas.**

4.1. Inspecciones iniciales

Serán objeto de inspección, una vez ejecutadas las instalaciones, sus ampliaciones o modificaciones de importancia y previamente a ser documentadas ante el *órgano* competente de la Comunidad Autónoma, las siguientes instalaciones:

a) Instalaciones industriales que precisen proyecto, con una potencia instalada superior a 100 kW.

b) Locales de pública concurrencia.

c) Locales con riesgo de incendio o explosión, de clase I, excepto aparcamientos o estacionamientos de menos de 25 plazas.

d) Locales mojados con potencia instalada superior a 25 kW.

e) Piscinas con potencia instalada superior a 10 kW.

f) Quirófanos y salas de intervención.

g) Instalaciones de alumbrado exterior con potencia instalada superior 5 kW.

h) Instalaciones de las estaciones de recarga para el vehículo eléctrico, que requieran la elaboración de proyecto para su ejecución.

4.2. Inspecciones periódicas

Serán objeto de inspecciones periódicas:

Cada 5 años	Todas las instalaciones eléctricas en baja tensión que precisaron inspección inicial, según el punto 4.1 anterior.
Cada 10 años	Las comunes de edificios de viviendas de potencia total instalada superior a 100 kW.

5. Procedimiento

5.1. Los Organismos de Control realizarán la inspección de las instalaciones sobre la base de las prescripciones que establezca el Reglamento de aplicación y, en su caso, de lo especificado en la documentación técnica, aplicando los criterios para la clasificación de defectos que se relacionan en el apartado siguiente. La empresa instaladora, si lo estima conveniente, podrá asistir a la realización de estas inspecciones.

5.2. Como resultado de la inspección, el Organismo de Control emitirá un Certificado de Inspección, en el cual figurarán los datos de identificación de la instalación y la posible relación de defectos, con su clasificación, y la calificación de la instalación, que podrá ser:

5.2.1. Favorable

Cuando no se determine la existencia de ningún defecto muy grave o grave. En este caso, los posibles defectos leves se anotarán para constancia del titular, con la indicación de que deberá poner los medios para subsanarlos antes de la próxima inspección. Asimismo, podrán servir de base a efectos estadísticos y de control del buen hacer de las empresas instaladoras.

5.2.2. Condicionada

Cuando se detecte la existencia de, al menos, un defecto grave o defecto leve procedente de otra inspección anterior que no se haya corregido. En este caso:

a) Las instalaciones nuevas que sean objeto de esta calificación no podrán ser suministradas de energía eléctrica en tanto no se hayan corregido los defectos indicados y puedan obtener la calificación de favorable.

b) A las instalaciones ya en servicio se les fijará un plazo para proceder a su corrección, que no podrá superar los 6 meses. Transcurrido dicho plazo sin haberse subsanado los defectos, el Organismo de Control deberá remitir el Certificado con la calificación negativa al Órgano competente de la Comunidad Autónoma.

5.2.3. Negativa

Cuando se observe, al menos, un defecto muy grave. En este caso:

a) Las nuevas instalaciones no podrán entrar en servicio, en tanto no se hayan corregido los defectos indicados y puedan obtener la calificación de favorable.

b) A las instalaciones ya en servicio se les emitirá Certificado negativo, que se remitirá inmediatamente al Órgano competente de la Comunidad Autónoma.

1.8.2. Diferencia entra verificación e inspección según la GUÍA-BT-05

La diferencia entre verificación e inspección radica principalmente en el **agente** encargado de su ejecución.

Todas las instalaciones eléctricas deben ser objeto de una **verificación previa** a su puesta en servicio efectuada por el **instalador autorizado** que las hubiese realizado, con la supervisión en su caso del director de obra.

El instalador autorizado es, por lo tanto, responsable de la correcta ejecución de la instalación y de que sea segura, lo mismo que un fabricante es responsable del producto que fabrica.

Las inspecciones las efectúan bien directamente las propias Administraciones Públicas competentes (mediante los servicios de industria de las CC. AA.), o, como es más frecuente, las efectúan los Organismos de Control autorizados por la administración (OCA). De entre todas las instalaciones eléctricas dentro del ámbito del REBT, solamente algunas de ellas son objeto de inspecciones iniciales o periódicas.

También conviene aclarar que los titulares de las instalaciones deberán mantenerlas en buen estado de funcionamiento, utilizándolas de acuerdo con sus características y absteniéndose de intervenir en las mismas para modificarlas. Si son necesarias modificaciones, estas deberán ser efectuadas por un instalador autorizado. Por lo tanto, no solo las nuevas instalaciones eléctricas deben ejecutarse por instaladores autorizados, sino también cualquier ampliación o modificación de una ya existente. Cualquier actuación de un instalador autorizado debe, por tanto, ir seguida de la correspondiente verificación del trabajo realizado, siendo el propio instalador quien debe verificar la instalación.

En resumen: todas las instalaciones eléctricas deben ser objeto de la correspondiente verificación después de su realización o modificación.

Artículo 21 del REBT. Inspecciones

Sin perjuicio de la facultad que, de acuerdo con lo señalado en el artículo 14 de la Ley 21/1992, de Industria, posee la Administración pública competente para llevar a cabo, por sí misma, las actuaciones de inspección y control que estime necesarias, el cumplimiento de las disposiciones y requisitos de seguridad establecidos por el presente Reglamento y sus instrucciones técnicas complementarias, según lo previsto en el artículo 12.3 de dicha Ley, deberá ser comprobado, en su caso, por un organismo de control autorizado en este campo reglamentario.

A tal fin, la correspondiente instrucción técnica complementaria determinará:

a) Las instalaciones y las modificaciones, reparaciones o ampliaciones de instalaciones que deberán ser objeto de inspección inicial, antes de su puesta en servicio.

b) Las instalaciones que deberán ser objeto de inspección periódica.

c) Los criterios para la valoración de las inspecciones, así como las medidas a adoptar como resultado de las mismas.

d) Los plazos de las inspecciones periódicas.

1.8.3. Revisiones de mantenimiento

Como se recoge en la introducción a este apartado, las instalaciones pueden tener **inspecciones iniciales y periódicas.** Las inspecciones son verificaciones que se hacen en las instalaciones eléctricas de acuerdo con una determinada instrucción o normativa y el agente que interviene en las mismas.

1.8.3.1. Verificación de las instalaciones eléctricas según la GUÍA-BT-ANEXO 4

A continuación se resumen los distintos tipos de verificaciones que deberán efectuar los instaladores autorizados.

La verificación de las instalaciones eléctricas previa a su puesta en servicio comprende dos fases, una primera fase que no requiere efectuar medidas y que se denomina «verificación por examen», y una segunda fase que requiere la utilización de equipos de medida para los ensayos.

El alcance de esta verificación se detalla en la ITC-BT-19 y en la norma UNE 20460 parte 6-61 y comprende tanto la verificación por examen como la verificación mediante medidas eléctricas. Adicionalmente, la ITC-BT-18 establece las verificaciones que es preciso realizar en las puestas a tierra.

1. *Verificación por examen*

Debe preceder a los ensayos y medidas, y normalmente se efectuará para el conjunto de la instalación estando esta sin tensión.

Está destinada a comprobar:

- Si el material eléctrico instalado permanentemente es conforme con las prescripciones establecidas en el proyecto o memoria técnica de diseño.

- Si el material ha sido elegido e instalado correctamente conforme a las prescripciones del Reglamento y del fabricante del material.

- Que el material no presenta ningún daño visible que pueda afectar a la seguridad.

En concreto, los aspectos cualitativos que este tipo de verificación debe tener en cuenta son los siguientes:

- La existencia de medidas de protección contra los choques eléctricos por contacto de partes bajo tensión o contactos directos, como por ejemplo: el aislamiento de las partes activas, el empleo de envolventes , barreras, obstáculos o alejamiento de las partes en tensión.

- La existencia de medidas de protección contra choques eléctricos derivados del fallo de aislamiento de las partes activas de la instalación, es decir, contactos indirectos. Dichas medidas pueden ser el uso de dispositivos de corte automático de la alimentación, tales como interruptores de máxima corriente, fusibles, o diferenciales; la utilización de equipos y materiales de clase II; disposición de paredes y techos aislantes o alternativamente de conexiones equipotenciales en locales que no utilicen conductor de protección, etc.

- La existencia y calibrado de los dispositivos de protección y señalización.

- La presencia de barreras cortafuegos y otras disposiciones que impidan la propagación del fuego, así como protecciones contra efectos térmicos.

- La utilización de materiales y medidas de protección apropiadas a las influencias externas.

- La existencia y disponibilidad de esquemas, advertencias e informaciones similares.

- La identificación de circuitos, fusibles, interruptores, bornes, etc.

- La correcta ejecución de las conexiones de los conductores.

- La accesibilidad para comodidad de funcionamiento y mantenimiento

2. Verificaciones mediante medidas o ensayos

Las verificaciones descritas en la ITC-BT-18 e ITC-BT-19 se han leído en el apartado 1.7.4.3. Verificaciones e inspecciones.

Red eléctrica en reparación colocando aislamientos.

1.8.3.2. Maniobras, mediciones, ensayos y verificaciones

Real Decreto 614/2001, de 8 de junio, sobre disposiciones mínimas para la protección de la salud y seguridad de los trabajadores frente al riesgo eléctrico.

ANEXO IV

Maniobras, mediciones, ensayos y verificaciones

A. Disposiciones generales

1. Las maniobras locales y las mediciones, ensayos y verificaciones sólo podrán ser realizadas por trabajadores autorizados. En el caso de las mediciones, ensayos y verificaciones en instalaciones de alta tensión, deberán ser trabajadores cualificados, pudiendo ser auxiliados por trabajadores autorizados, bajo su supervisión y control.

2. El método de trabajo empleado y los equipos y materiales de trabajo y de protección utilizados deberán proteger al trabajador frente al riesgo de contacto eléctrico, arco eléctrico, explosión o proyección de materiales.

   Entre los equipos y materiales de protección citados se encuentran:

   a) Los accesorios aislantes (pantallas, cubiertas, vainas, etc.) para el recubrimiento de partes activas o masas.

   b) Los útiles aislantes o aislados (herramientas, pinzas, puntas de prueba, etc.).

   c) Las pértigas aislantes.

   d) Los dispositivos aislantes o aislados (banquetas, alfombras, plataformas de trabajo, etc.).

   e) Los equipos de protección individual (pantallas, guantes, gafas, cascos, etc.).

3. A efectos de lo dispuesto en el apartado anterior, los equipos y materiales de trabajo o de protección empleados para la realización de estas operaciones se elegirán, de entre los concebidos para tal fin, teniendo en cuenta las características del trabajo y, en particular, la tensión de servicio, y se utilizarán, mantendrán y revisarán siguiendo las instrucciones de su fabricante.

   En cualquier caso, los equipos y materiales para la realización de estas operaciones se ajustarán a la normativa específica que les sea de aplicación.

4. Los trabajadores deberán disponer de un apoyo sólido y estable, que les permita tener las manos libres, y de una iluminación que les permita realizar su trabajo en condiciones de visibilidad adecuadas.

5. La zona de trabajo deberá señalizarse y/o delimitarse adecuadamente, siempre que exista la posibilidad de que otros trabajadores o personas ajenas penetren en dicha zona y accedan a elementos en tensión.

© Ediciones Paraninfo

6. Las medidas preventivas para la realización de estas operaciones al aire libre deberán tener en cuenta las posibles condiciones ambientales desfavorables, de forma que el trabajador quede protegido en todo momento.

B. Disposiciones particulares

Las disposiciones particulares establecidas a continuación para determinados tipos de intervención se considerarán complementarias a las indicadas en la parte anterior de este anexo, salvo en los casos en los que las modifiquen explícitamente.

1. En las maniobras locales con interruptores o seccionadores:

1.ª El método de trabajo empleado debe prever tanto los defectos razonablemente posibles de los aparatos, como la posibilidad de que se efectúen maniobras erróneas (apertura de seccionadores en carga, o cierre de seccionadores en cortocircuito).

2.ª Para la protección frente al riesgo de arco eléctrico, explosión o proyección de materiales, no será obligatoria la utilización de equipos de protección cuando el lugar desde donde se realiza la maniobra esté totalmente protegido frente a dichos riesgos por alejamiento o interposición de obstáculos.

2. En las mediciones, ensayos y verificaciones:

1.ª En los casos en que sea necesario retirar algún dispositivo de puesta a tierra colocado en las operaciones realizadas para dejar sin tensión la instalación, se tomarán las precauciones necesarias para evitar la realimentación intempestiva de la misma.

2.ª Cuando sea necesario utilizar una fuente de tensión exterior se tomarán precauciones para asegurar que:

a) La instalación no puede ser realimentada por otra fuente de tensión distinta de la prevista.

b) Los puntos de corte tienen un aislamiento suficiente para resistir la aplicación simultánea de la tensión de ensayo por un lado y la tensión de servicio por el otro.

c) Se adecuarán las medidas de prevención tomadas frente al riesgo eléctrico, cortocircuito o arco eléctrico al nivel de tensión utilizado.

1.8.4. Reconocimiento reglamentario

Como se ha visto a lo largo de este capítulo, la reglamentación sobre esta materia es muy amplia. Seguidamente se recogen diversas normativas y reglamentos relacionados con este tema.

Reglamentación
• Ley 21/1992, de 16 de julio, de Industria.
• Ley 31/1995, de 8 de noviembre, de Prevención de Riesgos Laborales (LPRL).
• Orden de 12 de abril de 1999 por la que se dictan las instrucciones técnicas complementarias al Reglamento de Puntos de Medida de los Consumos y Tránsitos de Energía Eléctrica.
• Real Decreto 1955/2000, de 1 de diciembre, por el que se regulan las actividades de transporte, distribución, comercialización, suministro y procedimientos de autorización de instalaciones de energía eléctrica.
• Real Decreto 614/2001, de 8 de junio, sobre disposiciones mínimas para la protección de la salud y seguridad de los trabajadores frente al riesgo eléctrico.
• Real Decreto 1164/2001, de 26 de octubre, por el que se establecen tarifas de acceso a las redes de transporte y distribución de energía eléctrica.
• Real Decreto 842/2002, de 2 de agosto, por el que se aprueba el Reglamento electrotécnico para baja tensión.
• Instrucciones técnicas complementarias ITC-BT-01 a 52 de dicho Reglamento.
• Real Decreto 2267/2004, de 3 de diciembre, por el que se aprueba el Reglamento de seguridad contra incendios en los establecimientos industriales.
• Real Decreto 1110/2007, de 24 de agosto, por el que se aprueba el Reglamento unificado de puntos de medida del sistema eléctrico (y sus Instrucciones Técnicas Complementarias).
• Real Decreto 223/2008, de 15 de febrero, por el que se aprueban el Reglamento sobre condiciones técnicas y garantías de seguridad en líneas eléctricas de alta tensión y sus instrucciones técnicas complementarias ITC-LAT 01 a 09.
• Ley 24/2013, de 26 de diciembre, del Sector Eléctrico.
• Real Decreto 1048/2013, de 27 de diciembre, por el que se establece la metodología para el cálculo de la retribución de la actividad de distribución de energía eléctrica.
• Real Decreto 337/2014, de 9 de mayo, por el que se aprueban el Reglamento sobre condiciones técnicas y garantías de seguridad en instalaciones eléctricas de alta tensión y sus Instrucciones Técnicas Complementarias ITC-RAT 01 a 23.
• Orden IET/2660/2015, de 11 de diciembre, por la que se aprueban las instalaciones tipo y los valores unitarios de referencia de inversión, de operación y mantenimiento por elemento de inmovilizado y los valores unitarios de retribución de otras tareas reguladas que se emplearán en el cálculo de la retribución de las empresas distribuidoras de energía eléctrica, se establecen las definiciones de crecimiento vegetativo y aumento relevante de potencia y las compensaciones por uso y reserva de locales.
• Real Decreto Legislativo 7/2015, de 30 de octubre, por el que se aprueba el texto refundido de la Ley de Suelo y Rehabilitación Urbana.

1.8.5. Revisión de las redes de distribución de baja tensión

La verificación de las redes de distribución de baja tensión consiste en controlar determinados parámetros para garantizar que la instalación está en

perfectas condiciones de seguridad para los usuarios y componentes, para que pueda suministrar energía eléctrica con la calidad exigida.

Algunos de estos parámetros son:

- Revisión de las redes de baja tensión, centros de transformación, centros de distribución, sistemas de protección y telecontrol, puntos de maniobras con telemando, etc.

  Las revisiones podrán realizarse mediante drones equipados con cámaras de alta resolución en zonas de difícil acceso. También con helicópteros, vehículos y a pie, para comprobar el estado de las infraestructuras sin interrumpir el suministro.

  Se realizará una inspección visual de la línea para comprobar que se cumplen las distancias de cruzamiento y paralelismos del trazado eléctrico.

- Control de las resistencias y tensiones de tierra, comprobando el circuito de puesta a tierra, cumple con lo señala en la ITC-BT-18 sobre Instalaciones de puesta a tierra.

En el punto 12 se lee lo siguiente:

12. Revisión de las tomas de tierra

Por la importancia que ofrece desde el punto de vista de la seguridad, cualquier instalación de toma de tierra deberá ser obligatoriamente comprobada por el Director de la Obra o Empresa instaladora en el momento de dar de alta la instalación para su puesta en marcha y funcionamiento.

Personal técnicamente competente efectuará la comprobación de la instalación de puesta a tierra, al menos anualmente, en la época en la que el terreno esté más seco. Para ello, se medirá la resistencia de tierra, y se repararán con carácter urgente los defectos que se encuentren.

Nota. En los lugares en que el terreno no sea favorable a la buena conservación de los electrodos, tanto estos como los conductores de enlace entre ellos hasta el punto de puesta a tierra, se pondrán al descubierto para su examen al menos una vez cada cinco años.

Se aconseja la lectura de la instrucción ITC-BT-18, por la importancia que tiene en la seguridad de las instalaciones.

- Se medirá la resistencia de aislamiento entre los conductores y entre conductores y la tierra, comprobando que se encuentran dentro de los márgenes de seguridad establecidos.

- Se verificará el correcto estado de los sistemas de protección contra contactos directos, así como carcasas de cuadros eléctricos, tapas cubrehuecos, etcétera.

- Se comprobarán las protecciones contra sobrecargas y cortocircuitos.

- Se comprobarán los posibles puntos calientes de la red empleando cámaras termo.

- Se comprobará el correcto estado de los cuadros y armarios eléctricos.

- Se comprobará el estado de las puestas a tierra de los postes metálicos y que tengan puesta su masa a tierra, así como su señalización y protecciones para evitar la escalada.

- Se comprobará si la distancia entre la masa forestal o cualquier objeto cercano a las líneas eléctricas es la correcta.

  Aplicando tecnología GPS y otras combinadas con sensores láser se realizan mapas tridimensionales de los bosques alrededor de la red eléctrica para así cartografiar las líneas y comprobar si la distancia entre la masa forestal o cualquier objeto cercano y las líneas eléctricas es la correcta.

- Se realizarán trabajos con las masas forestales para su tala, poda, limpieza y cuidado de las zonas por las que discurre la red eléctrica para que se puedan crear corredores de seguridad bajo las líneas que permitan minimizar el riesgo de incendio.

ACTIVIDADES FINALES

A continuación, y a modo de repaso sobre la materia estudiada, se presenta una serie de preguntas para que puedas evaluarte sobre los conocimientos adquiridos.

1.1. ¿Cuál es la tensión máxima de una red de baja tensión?

1.2. ¿Cuál es el objeto de la Ley 24/2013 que trata del sector eléctrico?

1.3. En el suministro de la energía eléctrica, ¿quién es el transportista?

1.4. En el suministro de la energía eléctrica, ¿quiénes son los distribuidores?

1.5. En el suministro de la energía eléctrica, ¿quiénes son los comercializadores?

1.6. En el suministro de la energía eléctrica, ¿quiénes son los consumidores?

1.7. ¿En qué artículo de la Ley 24/2013 se trata sobre la calidad de le energía eléctrica?

1.8. ¿Qué formas de distribución tiene la energía eléctrica en baja tensión?

1.9. Según el REBT, ¿qué es una «red de distribución»?

1.10. Según el REBT, ¿qué es una «red posada»?

1.11. ¿Qué ITC-BT del REBT trata sobre redes aéreas para distribución en baja tensión?

1.12. ¿Quién es el responsable del mantenimiento de las instalaciones eléctricas de baja tensión?

1.13. ¿En qué año se aprobó el actual reglamento electrotécnico para baja tensión (REBT)?

1.14. ¿Qué características deben tener los conductores aislados de una red de distribución?

1.15. En cables posados sobre fachada, ¿cuáles son las distancias mínimas que deben respetarse?

1.16. ¿Qué mantenimiento tienen los apoyos metálicos?

1.17. ¿Cuáles son las averías más frecuentes en los apoyos de madera?

1.18. Cita algunos de los herrajes y accesorios para los conductores y los apoyos.

1.19. Enumera diferentes instrumentos para medir distancias y altura.

1.20. ¿Cuáles son las averías más frecuentes que se dan en las redes de baja tensión?

1.21. ¿Qué procedimientos se deben seguir para localizar una determinada avería en una red de baja tensión?

1.22. Señala algunas de las principales averías en las redes de distribución.

1.23. Señala otros defectos que se pueden dar en el suministro eléctrico.

1.24. ¿Qué medios se emplean para la revisión de las redes de distribución?

1.25. ¿De qué trata el artículo 14 del REBT?

1.26. ¿Quién aprueba las especificaciones particulares de las empresas de distribución?

1.27. ¿Qué Real Decreto regula las actividades de transporte, distribución, comercialización, suministro y procedimientos de autorización de instalaciones de energía eléctrica?

1.28. Cita las principales empresas distribuidoras de electricidad en España.

1.29. ¿Para qué se utiliza un tensiómetro o dinamómetro?

1.30. ¿Con qué instrumento se verifica la verticalidad de un apoyo?

1.31. ¿Para qué sirve un micrómetro?

1.32. ¿Para qué sirve un nivel láser?

1.33. ¿Para qué sirve una cámara termográfica?

1.34. ¿A partir de qué altura hay que ponerse arnés?

1.35. ¿En qué Real Decreto se trata sobre técnicas y procedimientos de trabajo?

1.36. Para trabajos con tensión en baja tensión, ¿qué aislamiento tendrán las herramientas manuales?

1.37. ¿Qué significa un doble triángulo superpuesto seguido de 1000 V en una herramienta aislada?

1.38. ¿Mediante qué ley se aprueba la Prevención de Riesgos Laborales y mediante qué Real Decreto el Reglamento de Servicios de Prevención?

1.39. ¿Qué se entiende por «zona peligrosa» y «trabajador expuesto»?

1.40. ¿Cuál es el color de aislamiento de una herramienta que indica grado máximo de seguridad?

1.41. En un supuesto de una intervención de operación o de mantenimiento en una instalación el operario cualificado debe estar preparado para…

1.42. ¿Qué se entiende por «mantenimiento eléctrico»?

1.43. Señala los tipos de mantenimiento eléctrico más empleados.

1.44. Define qué es el mantenimiento correctivo.

1.45. Define qué es el mantenimiento predictivo.

1.46. Define qué es el mantenimiento preventivo.

1.47. ¿Qué es el «mantenimiento de oportunidad»?

1.48. ¿Qué es el «mantenimiento de actualización»?

1.49. ¿Qué se consigue con la informática de gestión?

1.50. ¿Qué son las instalaciones de distribución?

1.51. ¿Qué son las instalaciones de enlace?

1.52. ¿Cuáles son las funciones de las compañías distribuidoras?

1.53. ¿Qué indica el artículo 20 del REBT sobre el mantenimiento de las instalaciones?

1.54. ¿Qué es la compatibilidad electromagnética?

1.55. ¿Qué es una perturbación electromagnética?

1.56. Indica los parámetros de calidad eléctrica.

1.57. Define qué es la termografía.

1.58. ¿Dónde se originan puntos calientes en una red eléctrica?

1.59. Señala las diferencias entre un termómetro infrarrojo y una cámara termográfica.

1.60. ¿Con qué instrumento se mide la resistencia a tierra?

1.61. ¿Según qué instrucción y guía técnica se realizarán las verificaciones e inspecciones?

1.62. ¿Las puestas a tierra se verificarán de acuerdo a qué instrucción?

1.63. ¿Cada cuánto tiempo deben comprobarse las instalaciones de puesta tierra?

1.64. ¿Qué diferencia hay entre verificación e inspección según la GUÍA-BT-05?

1.65. ¿Qué consecuencias tiene una inspección negativa?

2. Medidas y medios de seguridad en redes eléctricas aéreas de BT

Contenidos

Introducción

2.1. Instalación en descargo

2.2. Las cinco reglas de oro

2.3. Zona protegida y zona de trabajo

Actividades finales

INTRODUCCIÓN

La electricidad es peligrosa en sí misma. Para intervenir en redes con tensión (o sin tensión, pero que accidentalmente pudieran ponerse bajo tensión) hay que aplicar todos los medios de seguridad que establecen las leyes y el resto de la normativa para este tipo de trabajos.

También son peligrosos ciertos trabajos eléctricos, como trabajar en altura, realizar tendidos eléctricos, trabajar en canalizaciones, en desniveles, en fachadas, etc.

A continuación, se repasa la normativa que tiene relación con las medidas y medios de seguridad en redes eléctricas aéreas de baja tensión.

1. Ley 31/1995, de 8 de noviembre, de Prevención de Riesgos Laborales

En el Artículo 4 se lee:

> A efectos de la presente Ley y de las normas que la desarrollen:
>
> 1.º Se entenderá por «**prevención**» el conjunto de actividades o medidas adoptadas o previstas en todas las fases de actividad de la empresa con el fin de evitar o disminuir los riesgos derivados del trabajo.
>
> 2.º Se entenderá como «**riesgo laboral**» la posibilidad de que un trabajador sufra un determinado daño derivado del trabajo. Para calificar un riesgo desde el punto de vista de su gravedad, se valorarán conjuntamente la probabilidad de que se produzca el daño y la severidad del mismo.
>
> 3.º Se considerarán como «**daños derivados del trabajo**» las enfermedades, patologías o lesiones sufridas con motivo u ocasión del trabajo.
>
> 4.º Se entenderá como «**riesgo laboral grave e inminente**» aquel que resulte probable racionalmente que se materialice en un futuro inmediato y pueda suponer un daño grave para la salud de los trabajadores.
>
> En el caso de exposición a agentes susceptibles de causar daños graves a la salud de los trabajadores, se considerará que existe un riesgo grave e inminente cuando sea probable racionalmente que se materialice en un futuro inmediato una exposición a dichos agentes de la que puedan derivarse daños graves para la salud, aun cuando estos no se manifiesten de forma inmediata.
>
> 5.º Se entenderán como procesos, actividades, operaciones, equipos o productos «**potencialmente peligrosos**» aquellos que, en ausencia de medidas preventivas específicas, originen riesgos para la seguridad y la salud de los trabajadores que los desarrollan o utilizan.

6.º Se entenderá como «**equipo de trabajo**» cualquier máquina, aparato, instrumento o instalación utilizada en el trabajo.

7.º Se entenderá como «**condición de trabajo**» cualquier característica del mismo que pueda tener una influencia significativa en la generación de riesgos para la seguridad y la salud del trabajador. Quedan específicamente incluidas en esta definición:

a) Las características generales de los locales, instalaciones, equipos, productos y demás útiles existentes en el centro de trabajo.

b) La naturaleza de los agentes físicos, químicos y biológicos presentes en el ambiente de trabajo y sus correspondientes intensidades, concentraciones o niveles de presencia.

c) Los procedimientos para la utilización de los agentes citados anteriormente que influyan en la generación de los riesgos mencionados.

d) Todas aquellas otras características del trabajo, incluidas las relativas a su organización y ordenación, que influyan en la magnitud de los riesgos a que esté expuesto el trabajador.

8.º Se entenderá por «**equipo de protección individual**» cualquier equipo destinado a ser llevado o sujetado por el trabajador para que le proteja de uno o varios riesgos que puedan amenazar su seguridad o su salud en el trabajo, así como cualquier complemento o accesorio destinado a tal fin.

2. Real Decreto 614/2001, de 8 de junio, sobre disposiciones mínimas para la protección de la salud y seguridad de los trabajadores frente al riesgo eléctrico

Este Real Decreto trata las siguientes materias:

Preámbulo

Artículo 1. Objeto, ámbito de aplicación y definiciones

Artículo 2. Obligaciones del empresario

Artículo 3. Instalaciones eléctricas

Artículo 4. Técnicas y procedimientos de trabajo

Artículo 5. Formación e información de los trabajadores

Artículo 6. Consulta y participación de los trabajadores

Disposición derogatoria única. Derogación normativa

Disposición final primera. Guía técnica

Disposición final segunda. Facultad de desarrollo

Disposición final tercera. Entrada en vigor

ANEXO I. Definiciones

ANEXO II. Trabajos sin tensión

ANEXO III. Trabajos en tensión

ANEXO IV. Maniobras, mediciones, ensayos y verificaciones

ANEXO V. Trabajos en proximidad

ANEXO VI. Trabajos en emplazamientos con riesgo de incendio o explosión. Electricidad estática

El **Artículo 3** de este Real Decreto 614/2001 (instalaciones eléctricas), dice:

1. El tipo de instalación eléctrica de un lugar de trabajo y las características de sus componentes deberán adaptarse a las condiciones específicas del propio lugar, de la actividad desarrollada en él y de los equipos eléctricos (receptores) que vayan a utilizarse.

   Para ello deberán tenerse particularmente en cuenta factores tales como las características conductoras del lugar del trabajo (posible presencia de superficies muy conductoras, agua o humedad), la presencia de atmósferas explosivas, materiales inflamables o ambientes corrosivos y cualquier otro factor que pueda incrementar significativamente el riesgo eléctrico.

2. En los lugares de trabajo solo podrán utilizarse equipos eléctricos para los que el sistema o modo de protección previstos por su fabricante sea compatible con el tipo de instalación eléctrica existente y los factores mencionados en el apartado anterior.

3. Las instalaciones eléctricas de los lugares de trabajo se utilizarán y mantendrán en la forma adecuada y el funcionamiento de los sistemas de protección se controlará periódicamente, de acuerdo con las instrucciones de sus fabricantes e instaladores, si existen, y a la propia experiencia del explotador.

4. En cualquier caso, las instalaciones eléctricas de los lugares de trabajo y su uso y mantenimiento deberán cumplir lo establecido en la reglamentación electrotécnica, la normativa general de seguridad y salud sobre lugares de trabajo, equipos de trabajo y señalización en el trabajo, así como cualquier otra normativa específica que les sea de aplicación.

3. Guía técnica para la evaluación y prevención del riesgo eléctrico tratado en el Real Decreto 614/2001 (INSST)

> **Nota.** Se recomienda la lectura de esta guía técnica actualizada a fecha del 10 de febrero de 2022.

El INSST ((Instituto Nacional de Seguridad e Higiene en el Trabajo) ha editado la *Guía técnica para la utilización por los trabajadores de equipos de protección individual*, destinada a desarrollar los aspectos técnicos de dicho real decreto.

El Real Decreto 614/2001, de 8 de junio, sobre las disposiciones mínimas para la protección de la salud y seguridad de los trabajadores frente al riesgo eléctrico, regula las condiciones de trabajo que se deben cumplir para la protección de los trabajadores frente al riesgo eléctrico en los lugares de trabajo.

En su disposición final primera se insta al INSST a elaborar y actualizar una guía técnica para facilitar la aplicación del mismo. En cumplimiento de dicha obligación reglamentaria se ha actualizado la edición del año 2014, incorporando los cambios normativos y legislativos producidos hasta julio 2020.

En el Reglamento (UE) 2016/425/CEE se establecen las condiciones de comercialización y de libre circulación intracomunitaria, así como los requisitos esenciales de seguridad y salud que deben cumplir estos equipos para preservar la salud y garantizar la seguridad de los usuarios.

En el Apéndice II de la anteriormente mencionada *Guía técnica para la utilización por los trabajadores de equipos de protección individual* se puede encontrar información detallada respecto a los requisitos técnicos de cumplimiento de este real decreto.

Los trabajadores, a través de los Delegados de Prevención, adecuadamente asesorados, tienen derecho a participar en la elección de dichos equipos.

4. **Real Decreto 773/1997, de 30 de mayo, sobre disposiciones mínimas de seguridad y salud relativas a la utilización por los trabajadores de equipos de protección individual**

La última actualización se publicó el 08 de diciembre de 2021.

5. **UNE-EN IEC 61557-1:2022. Seguridad eléctrica en redes de distribución de baja tensión hasta 1000 V c.a. y 1500 V c.c. Equipos para ensayo, medida o vigilancia de las medidas de protección. Parte 1: Requisitos generales**

6. **Real Decreto 842/2002, de 2 de agosto, por el que se aprueba el Reglamento electrotécnico para baja tensión (REBT)**

La última actualización es de **7 de noviembre de 2024.**

> **Observación.** Respecto a la aplicación de la normativa en un momento dado, debe verificarse si los reglamentos, normas, reales decretos, leyes, normas autonómicas y locales y otras, referenciados en la fecha en la que se aprueba el proyecto o se materializa la instalación, están vigentes.

2.1. INSTALACIÓN EN DESCARGO

En primer lugar, es preciso entender lo que significa una «instalación eléctrica en descargo».

Descargo: es el conjunto de actuaciones necesarias para dejar una instalación fuera de servicio (sin tensión) y crear en ella las condiciones de seguridad necesarias para intervenir sin que exista un riesgo de accidente eléctrico.

También se considera «descargo» el conjunto de acciones coordinadas para dejar una instalación en condiciones de seguridad para trabajar en ella sin tensión.

Por lo tanto, una instalación o red eléctrica está en descargo eléctrico cuando se desconecta del sistema y no circula corriente a través de ella. Esto tiene lugar cuando se realizan operaciones de mantenimiento de la línea y su objetivo es que los operarios trabajen de forma totalmente segura sin riesgo de accidentes eléctricos.

Las **actuaciones de descargo,** por lo tanto, determinarán el procedimiento que debe seguirse para realizar el corte de la tensión de una instalación eléctrica y su posterior reposición, y poder así realizar trabajos de forma segura, siendo de obligado cumplimiento para todo el personal que esté habilitado para desarrollar trabajos con riesgo eléctrico de acuerdo al RD 614/2001.

2.1.1. Trabajos sin tensión, según el Real Decreto 614/2001

El ANEXO II de este real decreto trata específicamente los trabajos sin tensión. Estos son los temas que desarrolla:

> **ANEXO II. Trabajos sin tensión**
>
> **A. Disposiciones generales**
>
> > A.1 Supresión de la tensión
> >
> > A.2 Reposición de la tensión
>
> **B. Disposiciones particulares**
>
> > B.1 Reposición de fusibles
> >
> > B.2 Trabajos en líneas aéreas y conductores de alta tensión
> >
> > B.3 Trabajos en instalaciones con condensadores que permitan una acumulación peligrosa de energía
> >
> > B.4 Trabajos en transformadores y en máquinas en alta tensión

Veamos estos puntos con más detenimiento para entender cómo se regulan.

A. Disposiciones generales

Las operaciones y maniobras para dejar sin tensión una instalación, antes de iniciar el «trabajo sin tensión», y la reposición de la tensión, al finalizarlo, las realizarán trabajadores autorizados que, en el caso de instalaciones de alta tensión, deberán ser trabajadores cualificados.

A.1. Supresión de la tensión

Una vez identificados la zona y los elementos de la instalación donde se va a realizar el trabajo, y salvo que existan razones esenciales para hacerlo de otra forma, se seguirá el proceso que se describe a continuación, que se desarrolla secuencialmente en **cinco etapas:**

1.ª Desconectar.

2.ª Prevenir cualquier posible realimentación.

3ª. Verificar la ausencia de tensión.

4.ª Poner a tierra y en cortocircuito.

5.ª Proteger frente a elementos próximos en tensión, en su caso, y establecer una señalización de seguridad para delimitar la zona de trabajo.

Hasta que no se hayan completado las cinco etapas **no podrá autorizarse el inicio del trabajo sin tensión** y se considerará en tensión la parte de la instalación afectada. Sin embargo, para establecer la señalización de seguridad indicada en la quinta etapa podrá considerarse que la instalación está sin tensión si se han completado las cuatro etapas anteriores y no pueden invadirse zonas de peligro de elementos próximos en tensión.

1. Desconectar
La parte de la instalación en la que se va a realizar el trabajo debe aislarse de todas las fuentes de alimentación. El aislamiento estará constituido por una distancia en aire, o la interposición de un aislante, suficientes para garantizar eléctricamente dicho aislamiento. Los condensadores u otros elementos de la instalación que mantengan tensión después de la desconexión deberán descargarse mediante dispositivos adecuados.
2. Prevenir cualquier posible realimentación
Los dispositivos de maniobra utilizados para desconectar la instalación deben asegurarse contra cualquier posible reconexión, preferentemente por bloqueo del mecanismo de maniobra, y deberá colocarse, cuando sea necesario, una señalización para prohibir la maniobra. En ausencia de bloqueo mecánico, se adoptarán medidas de protección equivalentes. Cuando se utilicen dispositivos telemandados deberá impedirse la maniobra errónea de los mismos desde el telemando. Cuando sea necesaria una fuente de energía auxiliar para maniobrar un dispositivo de corte, esta deberá desactivarse o deberá actuarse en los elementos de la instalación de forma que la separación entre el dispositivo y la fuente quede asegurada.

3. Verificar la ausencia de tensión

La ausencia de tensión deberá verificarse en todos los elementos activos de la instalación eléctrica en, o lo más cerca posible, de la zona de trabajo. En el caso de alta tensión, el correcto funcionamiento de los dispositivos de verificación de ausencia de tensión deberá comprobarse antes y después de dicha verificación.

Para verificar la ausencia de tensión en cables o conductores aislados que puedan confundirse con otros existentes en la zona de trabajo, se utilizarán dispositivos que actúen directamente en los conductores (pincha-cables o similares), o se emplearán otros métodos, siguiéndose un procedimiento que asegure, en cualquier caso, la protección del trabajador frente al riesgo eléctrico.

Los dispositivos telemandados utilizados para verificar que una instalación está sin tensión serán de accionamiento seguro y su posición en el telemando deberá estar claramente indicada.

4. Poner a tierra y en cortocircuito

Las partes de la instalación donde se vaya a trabajar deben ponerse a tierra y en cortocircuito:

a) En las instalaciones de alta tensión.

b) En las instalaciones de baja tensión que, por inducción, o por otras razones, puedan ponerse accidentalmente en tensión.

Los equipos o dispositivos de puesta a tierra y en cortocircuito deben conectarse en primer lugar a la toma de tierra y a continuación a los elementos que sea preciso poner a tierra, y deben ser visibles desde la zona de trabajo. Si esto último no fuera posible, las conexiones de puesta a tierra deben colocarse tan cerca de la zona de trabajo como se pueda.

Si en el curso del trabajo los conductores deben cortarse o conectarse y existe el peligro de que aparezcan diferencias de potencial en la instalación, deberán tomarse medidas de protección, tales como efectuar puentes o puestas a tierra en la zona de trabajo, antes de proceder al corte o conexión de estos conductores.

Los conductores utilizados para efectuar la puesta a tierra, el cortocircuito y, en su caso, el puente, deberán ser adecuados y tener la sección suficiente para la corriente de cortocircuito de la instalación en la que se colocan.

Se tomarán precauciones para asegurar que las puestas a tierra permanezcan correctamente conectadas durante el tiempo en que se realiza el trabajo. Cuando tengan que desconectarse para realizar mediciones o ensayos, se adoptarán medidas preventivas apropiadas adicionales.

Los dispositivos telemandados utilizados para la puesta a tierra y en cortocircuito de una instalación serán de accionamiento seguro y su posición en el telemando estará claramente indicada.

5. Proteger frente a los elementos próximos en tensión y establecer una señalización de seguridad para delimitar la zona de trabajo

Si hay elementos de una instalación próximos a la zona de trabajo que tengan que permanecer en tensión, deberán adoptarse medidas de protección adicionales, que se aplicarán antes de iniciar el trabajo, según lo dispuesto en el apartado 7 del artículo 4 de este Real Decreto.

A.2. Reposición de la tensión

La reposición de la tensión solo comenzará, una vez finalizado el trabajo, después de que se hayan retirado todos los trabajadores que no resulten indispensables y que se hayan recogido de la zona de trabajo las herramientas y equipos utilizados.

El proceso de reposición de la tensión comprenderá:

1.º La retirada, si las hubiera, de las protecciones adicionales y de la señalización que indica los límites de la zona de trabajo.

2.º La retirada, si la hubiera, de la puesta a tierra y en cortocircuito.

3.º El desbloqueo o la retirada de la señalización de los dispositivos de corte.

4.º El cierre de los circuitos para reponer la tensión.

Desde el momento en que se suprima una de las medidas inicialmente adoptadas para realizar el trabajo sin tensión en condiciones de seguridad, se considerará en tensión la parte de la instalación afectada.

B. Disposiciones particulares

Las disposiciones particulares establecidas a continuación para determinados tipos de trabajo se considerarán complementarias a las indicadas en la parte A de este anexo, salvo en los casos en los que las modifiquen explícitamente.

B.1. Reposición de fusibles

En el caso particular de la reposición de fusibles en las instalaciones indicadas en el primer párrafo del apartado 4 de la parte A.1 de este anexo:

1.º No será necesaria la puesta a tierra y en cortocircuito cuando los dispositivos de desconexión a ambos lados del fusible estén a la vista del trabajador, el corte sea visible o el dispositivo proporcione garantías de seguridad equivalentes, y no exista posibilidad de cierre intempestivo.

2.º Cuando los fusibles estén conectados directamente al primario de un transformador, será suficiente con la puesta a tierra y en cortocircuito del lado de alta tensión, entre los fusibles y el transformador.

B.2. Trabajos en líneas aéreas y conductores de alta tensión

1. En los trabajos en líneas aéreas desnudas y conductores desnudos de alta tensión se deben colocar las puestas a tierra y en cortocircuito a ambos lados de la zona de trabajo, y en cada uno de los conductores que entran en esta zona; al menos uno de los equipos o dispositivos de puesta a tierra y en cortocircuito debe ser visible desde la zona de trabajo. Estas reglas tienen las siguientes excepciones:

1.ª Para trabajos específicos en los que no hay corte de conductores durante el trabajo, es admisible la instalación de un solo equipo de puesta a tierra y en cortocircuito en la zona de trabajo.

2.ª Cuando no es posible ver, desde los límites de la zona de trabajo, los equipos o dispositivos de puesta a tierra y en cortocircuito, se debe colocar, además, un equipo de puesta a tierra local, o un dispositivo adicional de señalización, o cualquier otra identificación equivalente.

Cuando el trabajo se realiza en un solo conductor de una línea aérea de alta tensión, no se requerirá el cortocircuito en la zona de trabajo, siempre que se cumplan las siguientes condiciones:

a) En los puntos de la desconexión, todos los conductores están puestos a tierra y en cortocircuito de acuerdo con lo indicado anteriormente.

b) El conductor sobre el que se realiza el trabajo y todos los elementos conductores —exceptuadas las otras fases— en el interior de la zona de trabajo, están unidos eléctricamente entre ellos y puestos a tierra por un equipo o dispositivo apropiado.

c) El conductor de puesta a tierra, la zona de trabajo y el trabajador están fuera de la zona de peligro determinada por los restantes conductores de la misma instalación eléctrica.

2. En los trabajos en líneas aéreas aisladas, cables u otros conductores aislados, de alta tensión la puesta a tierra y en cortocircuito se colocará en los elementos desnudos de los puntos de apertura de la instalación o tan cerca como sea posible a aquellos puntos, a cada lado de la zona de trabajo.

B.3. Trabajos en instalaciones con condensadores que permitan una acumulación peligrosa de energía

Para dejar sin tensión una instalación eléctrica con condensadores cuya capacidad y tensión permitan una acumulación peligrosa de energía eléctrica se seguirá el siguiente proceso:

a) Se efectuará y asegurará la separación de las posibles fuentes de tensión mediante su desconexión, ya sea con corte visible o testigos de ausencia de tensión fiables.

b) Se aplicará un circuito de descarga a los bornes de los condensadores, que podrá ser el circuito de puesta a tierra y en cortocircuito, al que se hace referencia en el apartado siguiente, cuando incluya un seccionador de tierra, y se esperará el tiempo necesario para la descarga.

c) Se efectuará la puesta a tierra y en cortocircuito de los condensadores. Cuando entre estos y el medio de corte existan elementos semiconductores, fusibles o interruptores automáticos, la operación se realizará sobre los bornes de los condensadores.

B.4. Trabajos en transformadores y en máquinas en alta tensión

1. Para trabajar sin tensión en un transformador de potencia o de tensión se dejarán sin tensión todos los circuitos del primario y todos los circuitos del secundario. Si las características de los medios de corte lo permiten, se efectuará primero la separación de los circuitos de menor tensión. Para la reposición de la tensión se procederá inversamente.

   Para trabajar sin tensión en un transformador de intensidad, o sobre los circuitos que alimenta, se dejará previamente sin tensión el primario. Se prohíbe la apertura de los circuitos conectados al secundario estando el primario en tensión, salvo que sea necesario por alguna causa, en cuyo caso deberán cortocircuitarse los bornes del secundario.

2. Antes de manipular en el interior de un motor eléctrico o generador deberá comprobarse:

   a) Que la máquina está completamente parada.

   b) Que están desconectadas las alimentaciones.

   c) Que los bornes están en cortocircuito y a tierra.

   d) Que la protección contra incendios está bloqueada.

   e) Que la atmósfera no es nociva, tóxica o inflamable.

2.1.2. Propuesta de procedimiento de operación básico de las redes de distribución

Con fecha de 23 de julio de 2009, la CNE (Comisión Nacional de la Energía) publicó este Procedimiento de Operación Básico de las Redes de Distribución (POD 8) para la gestión de descargos. En él se señala lo siguiente:

1. OBJETO

El presente Procedimiento de Operación Básico de las Redes de Distribución (POD) describe los flujos de información y los procesos necesarios para la ejecución de los planes de descargos de los elementos y las instalaciones de las redes de distribución en los horizontes anual, semanal y de corto plazo de modo que:

• Se asegure la compatibilidad de los planes de trabajo de las diferentes unidades operativas de las empresas distribuidoras, y del resto de agentes conectados a las redes de distribución.

- Se minimicen las restricciones técnicas que afecten a las redes de distribución.

- Se obtenga un estado de disponibilidad de las mismas que garantice la seguridad y la calidad del suministro a los consumidores conforme a la normativa vigente.

> **Nota.** Se aconseja la lectura de este procedimiento.
>
> Se recomienda igualmente lectura de los procedimientos de las empresas distribuidoras de baja tensión diseñados para realizar trabajos, reparaciones y mantenimientos en redes aéreas de distribución.

2.2. LAS CINCO REGLAS DE ORO

Las llamadas *Cinco reglas de oro* se aplican en aquellos trabajos que se realizan **sin tensión**.

Como ya se ha adelantado arriba, el Real Decreto 614/2001 señala lo siguiente en su ANEXO II:

Trabajos sin tensión

A. Disposiciones generales

Las operaciones y maniobras para dejar sin tensión una instalación, antes de iniciar el «*trabajo* sin tensión», y la reposición de la tensión, al finalizarlo, las realizarán trabajadores autorizados que, en el caso de instalaciones de alta tensión, deberán ser trabajadores cualificados.

A.1. Supresión de la tensión

Una vez identificados la zona y los elementos de la instalación donde se va a realizar el trabajo, y salvo que existan razones esenciales para hacerlo de otra forma, se seguirá el proceso que se describe a continuación, que se desarrolla secuencialmente en cinco etapas:

1.ª Desconectar.

2.ª Prevenir cualquier posible realimentación.

3.ª Verificar la ausencia de tensión.

4.ª Poner a tierra y en cortocircuito.

5.ª Proteger frente a elementos próximos en tensión, en su caso, y establecer una señalización de seguridad para delimitar la zona de trabajo.

Por lo tanto, hasta que no se hayan completado las cinco etapas descritas arriba, **no se podrá autorizar** el inicio del trabajo sin tensión y se considerará que está en tensión la parte de la instalación afectada.

Sin embargo, para establecer la **señalización** de seguridad que se indica en la quinta etapa de las *Cinco reglas de oro,* podrá considerarse que la instalación está sin tensión si se han completado las otras cuatro etapas anteriores y, además, no pueden invadirse zonas de peligro de otros elementos próximos en tensión.

2.2.1. Explicación gráfica de las Cinco reglas de oro

A continuación se detallan las *Cinco reglas de oro* por la forma de actuar en el circuito:

Cinco reglas de oro para trabajos sin tensión	
1.ª	**Desconectar.** Desconectar el circuito y, si tiene fusibles, retirarlos del portafusibles para asegurar la desconexión.
2.ª	**Prevenir cualquier posible realimentación.** Para estar más seguros de que no se conectará el circuito donde se va a intervenir, es preciso asegurar la apertura permanente con un candado. La llave del mismo deberá estar en poder del operario que realiza la intervención.
3.ª	**Verificar la ausencia de tensión.** Verificar que realmente el circuito no tiene tensión, haciendo una medición para garantizar que no hay tensión.
4.ª	**Poner a tierra y en cortocircuito.** Para una total seguridad, cortocircuitar las tres fases y poner a tierra el circuito.
5.ª	RIESGO ELÉCTRICO PROHIBIDO ACCIONAR **Proteger frente a elementos próximos en tensión, en su caso, y establecer una señalización de seguridad para delimitar la zona de trabajo.** Colocar una señalización que advierta que se está interviniendo en esta parte de la instalación.

Veamos ahora la explicación detallada de estas fases:

1.ª Desconectar.

- La parte de la instalación en la que se va a realizar el trabajo debe aislarse de todas las fuentes de alimentación. El aislamiento estará constituido por una distancia en aire, o la interposición de un aislante, suficiente para garantizar eléctricamente dicho aislamiento.

- Los condensadores u otros elementos de la instalación que mantengan tensión después de la desconexión deberán descargarse mediante dispositivos adecuados.

2.ª Prevenir cualquier posible realimentación.

- Los dispositivos de maniobra utilizados para desconectar la instalación deben asegurarse contra cualquier posible reconexión, preferentemente por bloqueo del mecanismo de maniobra, y deberá colocarse, cuando sea necesario, una señalización para prohibir la maniobra. En ausencia de bloqueo mecánico, se adoptarán medidas de protección equivalentes. Cuando se utilicen dispositivos telemandados deberá impedirse la maniobra errónea de los mismos desde el telemando.

- Cuando sea necesaria una fuente de energía auxiliar para maniobrar un dispositivo de corte, esta deberá desactivarse o deberá actuarse en los elementos de la instalación de forma que la separación entre el dispositivo y la fuente quede asegurada.

3.ª Verificar la ausencia de tensión.

- La ausencia de tensión deberá verificarse en todos los elementos activos de la instalación eléctrica en, o lo más cerca posible, de la zona de trabajo. En el caso de alta tensión, el correcto funcionamiento de los dispositivos de verificación de ausencia de tensión deberá comprobarse antes y después de dicha verificación.

- Para verificar la ausencia de tensión en cables o conductores aislados que puedan confundirse con otros existentes en la zona de trabajo, se utilizarán dispositivos que actúen directamente en los conductores (pinchables o similares), o se emplearán otros métodos, siguiéndose un procedimiento que asegure, en cualquier caso, la protección del trabajador frente al riesgo eléctrico.

- Los dispositivos telemandados utilizados para verificar que una instalación está sin tensión serán de accionamiento seguro y su posición en el telemando deberá estar claramente indicada.

4.ª Poner a tierra y en cortocircuito.

- Las partes de la instalación donde se vaya a trabajar deben ponerse a tierra y en cortocircuito:
    - En las instalaciones de alta tensión.
    - En las instalaciones de baja tensión que, por inducción, o por otras razones, puedan ponerse accidentalmente en tensión.

- Los equipos o dispositivos de puesta a tierra y en cortocircuito deben conectarse en primer lugar a la toma de tierra y a continuación a los elementos a poner a tierra, y deben ser visibles desde la zona de trabajo. Si esto último no fuera posible, las conexiones de puesta a tierra deben colocarse tan cerca de la zona de trabajo como se pueda.

- Si en el curso del trabajo los conductores deben cortarse o conectarse y existe el peligro de que aparezcan diferencias de potencial en la instalación, deberán tomarse medidas de protección, tales como efectuar puentes o puestas a tierra en la zona de trabajo, antes de proceder al corte o conexión de estos conductores.

- Los conductores utilizados para efectuar la puesta a tierra, el cortocircuito y, en su caso, el puente, deberán ser adecuados y tener la sección suficiente para la corriente de cortocircuito de la instalación en la que se colocan.

- Se tomarán precauciones para asegurar que las puestas a tierra permanezcan correctamente conectadas durante el tiempo en que se realiza el trabajo. Cuando tengan que desconectarse para realizar mediciones o ensayos, se adoptarán medidas preventivas apropiadas adicionales.

- Los dispositivos telemandados utilizados para la puesta a tierra y en cortocircuito de una instalación serán de accionamiento seguro y su posición en el telemando estará claramente indicada.

5.ª Proteger frente a los elementos próximos en tensión y establecer una señalización de seguridad para delimitar la zona de trabajo.

Si hay elementos de una instalación próximos a la zona de trabajo que tengan que permanecer en tensión, deberán adoptarse medidas de protección adicionales, que se aplicarán antes de iniciar el trabajo, según lo dispuesto en el apartado 7 del artículo 4 del Real Decreto 614/2001.

2.2.2. *Reglas de oro* para trabajos sin tensión

A continuación se muestra otra forma de representar las *Cinco reglas de oro* que se deben aplicar cuando se realizan trabajos o determinadas medidas sin tensión en circuitos eléctricos.

Resumen de las
Cinco reglas de oro
para realizar
un trabajo eléctrico seguro

1. Desconectar el circuito.

2. Enclavamiento, bloqueo y señalización.

3. Comprobación de ausencia de tensión.

4. Puesta a tierra y en cortocircuito de los tres conductores activos.

ZONA DE TRABAJO

5. Señalización de la zona de trabajo.

2.2.3. Reposición de la tensión

En el apartado A.2 del ANEXO II del Real Decreto 614/2001 se lee lo siguiente:

A.2. Reposición de la tensión

La reposición de la tensión solo comenzará, una vez finalizado el trabajo, después de que se hayan retirado todos los trabajadores que no resulten indispensables y que se hayan recogido de la zona de trabajo las herramientas y equipos utilizados.

El proceso de reposición de la tensión comprenderá:

1º. La retirada, si las hubiera, de las protecciones adicionales y de la señalización que indica los límites de la zona de trabajo.

2º. La retirada, si la hubiera, de la puesta a tierra y en cortocircuito.

3º. El desbloqueo y/o la retirada de la señalización de los dispositivos de corte.

4º. El cierre de los circuitos para reponer la tensión.

Desde el momento en que se suprima una de las medidas inicialmente adoptadas para realizar el trabajo sin tensión en condiciones de seguridad, se considerará en tensión la parte de la instalación afectada.

2.2.4. Manual de seguridad y salud en trabajos en baja tensión

El *Manual de seguridad y salud en trabajos en baja tensión* está editado por FREMAP: Mutua de Accidentes de Trabajo y Enfermedades Profesionales de la Seguridad Social n.º 61.

> **Nota.** Se aconseja la lectura de este manual.

2.2.5. Elementos de un equipo portátil de puesta a tierra

Hay una serie de elementos necesarios para una correcta puesta a tierra. Son los siguientes:

1. Piqueta, pica o electrodo de toma de tierra.
2. Pinza o grapa de conexión a la toma de tierra.
3. Conductores de puesta a tierra y en cortocircuito.
4. Pinzas para conectar a los conductores de la instalación.
5. Pértiga aislante adecuada al nivel de tensión nominal.

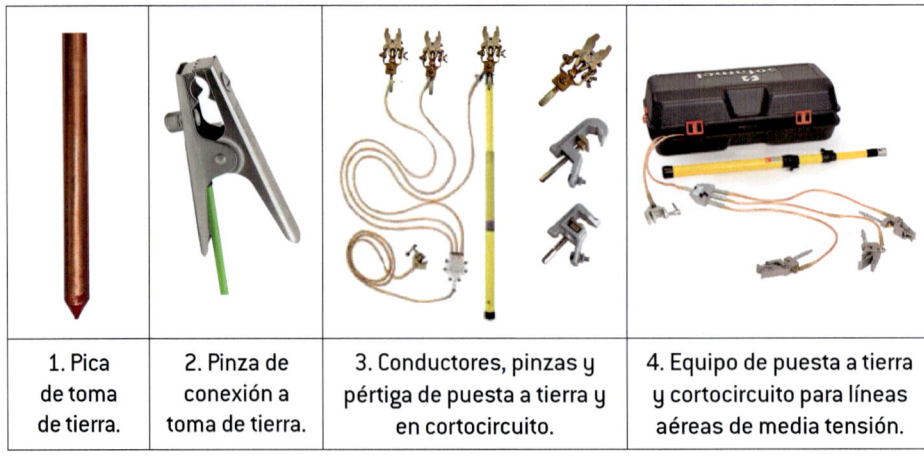

1. Pica de toma de tierra.	2. Pinza de conexión a toma de tierra.	3. Conductores, pinzas y pértiga de puesta a tierra y en cortocircuito.	4. Equipo de puesta a tierra y cortocircuito para líneas aéreas de media tensión.

Hay una serie de aspectos importantes que deben considerarse:

- La puesta a tierra y en cortocircuito debe realizarse con **garantías de seguridad** para el operario, empleando equipos especialmente fabricados para tal fin y conformes con las normas técnicas que le sean aplicables.

> **¡Atención!** Las pinzas deben colocarse siempre usando pértigas o guantes aislantes, **nunca directamente con las manos.** En cada caso se elegirá el equipo dimensionado para soportar las corrientes de cortocircuito previsibles en la instalación con la que se deba trabajar.

- La secuencia de las operaciones para colocar una puesta a tierra y en cortocircuito en baja tensión es la siguiente:

  — Conectar la pinza de puesta a tierra en el conductor de protección o en la toma de tierra del cuadro de baja tensión.

  — Conectar las pinzas del equipo al neutro y a cada una de las tres fases, mediante pértigas adecuadas para baja tensión si se trata de líneas aéreas, o bien a través de los terminales adecuados, en el caso de los cuadros de baja tensión.

2.2.6. Señalización de trabajos eléctricos en curso

La señalización es necesaria para advertir al resto de personal que la instalación está desconectada y que se están realizando trabajos en la misma, por lo que **no se puede poner la instalación bajo tensión bajo ningún concepto.**

A continuación, se presentan ejemplos de señalización para avisar que se está interviniendo en una determinada instalación o en una parte de la misma.

2.2.7. Dispositivos de seguridad para intervenir en instalaciones eléctricas

Hay varios elementos de seguridad para protegerse de los contactos directos o indirectos durante los trabajos en instalaciones de baja tensión. Estos son algunos:

1. Casco con pantalla facial protectora de arcos eléctricos MO-185BL.	2. Guantes aislantes de clase 00 CG05C-R.	3. Alfombrilla aislante de clase 0 MP-11/16.	4. Manta antifuego 1,1 × 1,1 m.
5. Pinza aislante para mantas.	6. Extractor de fusibles NH. Todos los modelos.	7. Banqueta aislante.	8. Pértiga aislante de salvamento.

9. Arnés de cuatro argollas dieléctrico para trabajos en altura.	10. Pértigas aislantes para trabajos eléctricos.	11. Herramientas eléctricas aisladas.

2.3. ZONA PROTEGIDA Y ZONA DE TRABAJO

En primer lugar, es preciso distinguir qué es una zona protegida y qué es una zona de trabajo.

Esta diferencia puede encontrarse a lo largo del texto del Real Decreto 614/2001, de 8 de junio, sobre disposiciones mínimas para la protección de la salud y seguridad de los trabajadores frente al riesgo eléctrico, especialmente en su ANEXO I.

2.3.1. Zona protegida

Se considera zona protegida, respecto a la corriente eléctrica, aquella parte de la instalación eléctrica que tiene las protecciones que determina la normativa a fin de eliminar todo riesgo que pueda provenir de una entrada en tensión no prevista y que resulte peligrosa para el personal que opera en dicha zona de trabajo.

Artículo 4. Técnicas y procedimientos de trabajo

1. Las técnicas y procedimientos empleados para trabajar en instalaciones eléctricas, o en sus proximidades, se establecerán teniendo en consideración:

   - La evaluación de los riesgos que el trabajo pueda suponer, habida cuenta de las características de las instalaciones, del propio trabajo y del entorno en el que va a realizarse.

   - Los requisitos establecidos en los restantes apartados del presente artículo.

2. Todo trabajo en una instalación eléctrica, o en su proximidad, que conlleve un riesgo eléctrico deberá efectuarse sin tensión, salvo en los casos que se indican en los apartados 3 y 4 de este artículo.

   Para dejar la instalación eléctrica sin tensión, antes de realizar el trabajo, y para la reposición de la tensión, al finalizarlo, se seguirán las disposiciones generales establecidas en el anexo II.A y, en su caso, las disposiciones particulares establecidas en el anexo II.B.

3. Podrán realizarse con la instalación en tensión:

   - Las operaciones elementales, tales como por ejemplo conectar y desconectar, en instalaciones de baja tensión con material eléctrico concebido para su utilización inmediata y sin riesgos por parte del público en general. En cualquier caso, estas operaciones deberán realizarse por el procedimiento normal previsto por el fabricante y previa verificación del buen estado del material manipulado.

   - Los trabajos en instalaciones con tensiones de seguridad, siempre que no exista posibilidad de confusión en la identificación de las mismas y que las intensidades de un posible cortocircuito no supongan riesgos de quemadura. En caso contrario, el procedimiento de trabajo establecido deberá asegurar la correcta identificación de la instalación y evitar los cortocircuitos cuando no sea posible proteger al trabajador frente a los mismos.

4. También podrán realizarse con la instalación en tensión:

   • Las maniobras, mediciones, ensayos y verificaciones cuya naturaleza así lo exija, tales como por ejemplo la apertura y cierre de interruptores o seccionadores, la medición de una intensidad, la realización de ensayos de aislamiento eléctrico, o la comprobación de la concordancia de fases.

   • Los trabajos en, o en proximidad de instalaciones cuyas condiciones de explotación o de continuidad del suministro así lo requieran.

5. Excepto en los casos indicados en el apartado 3 de este artículo, el procedimiento empleado para la realización de trabajos en tensión deberá ajustarse a los requisitos generales establecidos en el anexo III.A y, en el caso de trabajos en alta tensión, a los requisitos adicionales indicados en el anexo III.B.

6. Las maniobras, mediciones, ensayos y verificaciones eléctricas se realizarán siguiendo las disposiciones generales establecidas en el anexo IV.A y, en su caso, las disposiciones particulares establecidas en el anexo IV.B.

   Si durante la realización de estas operaciones tuvieran que ocuparse, o pudieran invadirse accidentalmente, las zonas de peligro de elementos en tensión circundantes, se aplicará lo establecido, según el caso, en los apartados 5 o 7 del presente artículo.

7. Los trabajos que se realicen en proximidad de elementos en tensión se llevarán a cabo según lo dispuesto en el anexo V, o bien se considerarán como trabajos en tensión y se aplicarán las disposiciones correspondientes a este tipo de trabajos.

8. Sin perjuicio de lo dispuesto en los anteriores apartados de este artículo, los trabajos que se realicen en emplazamientos con riesgo de incendio o explosión, así como los procesos en los que se pueda producir una acumulación peligrosa de carga electrostática, se deberán efectuar según lo dispuesto en el anexo VI.

ANEXO IV del Real Decreto 614/2001

En este ANEXO IV se señalan las formas en las que se deben realizar las **maniobras, mediciones, ensayos y verificaciones** en las instalaciones eléctricas.

A. Disposiciones generales

1. Las maniobras locales y las mediciones, ensayos y verificaciones solo podrán ser realizadas por trabajadores autorizados. En el caso de las mediciones, ensayos y verificaciones en instalaciones de alta tensión, deberán ser trabajadores cualificados, pudiendo ser auxiliados por trabajadores autorizados, bajo su supervisión y control.

2. El método de trabajo empleado y los equipos y materiales de trabajo y de protección utilizados deberán proteger al trabajador frente al riesgo de contacto eléctrico, arco eléctrico, explosión o proyección de materiales.

   Entre los equipos y materiales de protección citados se encuentran:

   - Los accesorios aislantes (pantallas, cubiertas, vainas, etc.) para el recubrimiento de partes activas o masas.

   - Los útiles aislantes o aislados (herramientas, pinzas, puntas de prueba, etc.).

   - Las pértigas aislantes.

   - Los dispositivos aislantes o aislados (banquetas, alfombras, plataformas de trabajo, etc.).

   - Los equipos de protección individual (pantallas, guantes, gafas, cascos, etc.).

3. A efectos de lo dispuesto en el apartado anterior, los equipos y materiales de trabajo o de protección empleados para la realización de estas operaciones se elegirán, de entre los concebidos para tal fin, teniendo en cuenta las características del trabajo y, en particular, la tensión de servicio, y se utilizarán, mantendrán y revisarán siguiendo las instrucciones de su fabricante.

   En cualquier caso, los equipos y materiales para la realización de estas operaciones se ajustarán a la normativa específica que les sea de aplicación.

4. Los trabajadores deberán disponer de un apoyo sólido y estable, que les permita tener las manos libres, y de una iluminación que les permita realizar su trabajo en condiciones de visibilidad adecuadas.

5. La zona de trabajo deberá señalizarse y/o delimitarse adecuadamente, siempre que exista la posibilidad de que otros trabajadores o personas ajenas penetren en dicha zona y accedan a elementos en tensión.

6. Las medidas preventivas para la realización de estas operaciones al aire libre deberán tener en cuenta las posibles condiciones ambientales desfavorables, de forma que el trabajador quede protegido en todo momento.

B. Disposiciones particulares

Las disposiciones particulares establecidas a continuación para determinados tipos de intervención se considerarán complementarias a las indicadas en la parte anterior de este anexo, salvo en los casos en los que las modifiquen explícitamente.

1. En las maniobras locales con interruptores o seccionadores:

   1.ª El método de trabajo empleado debe prever tanto los defectos razonablemente posibles de los aparatos, como la posibilidad de que se efectúen maniobras erróneas (apertura de seccionadores en carga, o cierre de seccionadores en cortocircuito).

   2.ª Para la protección frente al riesgo de arco eléctrico, explosión o proyección de materiales, no será obligatoria la utilización de equipos de protección cuando el lugar desde donde se realiza la maniobra esté totalmente protegido frente a dichos riesgos por alejamiento o interposición de obstáculos.

2. En las mediciones, ensayos y verificaciones:

   1.ª En los casos en que sea necesario retirar algún dispositivo de puesta a tierra colocado en las operaciones realizadas para dejar sin tensión la instalación, se tomarán las precauciones necesarias para evitar la realimentación intempestiva de la misma.

   2.ª Cuando sea necesario utilizar una fuente de tensión exterior se tomarán precauciones para asegurar que:

   - La instalación no puede ser realimentada por otra fuente de tensión distinta de la prevista.

   - Los puntos de corte tienen un aislamiento suficiente para resistir la aplicación simultánea de la tensión de ensayo por un lado y la tensión de servicio por el otro.

   - Se adecuarán las medidas de prevención tomadas frente al riesgo eléctrico, cortocircuito o arco eléctrico al nivel de tensión utilizado.

2.3.2. Zona de trabajo

El artículo 7 del ANEXO I del Real Decreto 614/2001 define la **zona de peligro o zona de trabajos en tensión** como el espacio alrededor de los elementos en tensión en el que la presencia de un trabajador desprotegido supone un riesgo grave e inminente de que se produzca un arco eléctrico, o un contacto directo con el elemento en tensión, teniendo en cuenta los gestos o movimientos normales que puede efectuar el trabajador sin desplazarse.

Donde no se interponga una barrera física que garantice la protección frente a dicho riesgo, la distancia desde el elemento en tensión al límite exterior de esta zona será la indicada en la tabla 1.

La zona de trabajo **deberá señalizarse y/o delimitarse adecuadamente**, siempre que exista la posibilidad de que otros trabajadores o personas ajenas penetren en dicha zona y accedan a elementos en tensión.

El ANEXO I del Real Decreto 614/2001 establece, además, una serie de definiciones importantes. Así, señala que:

A los efectos de lo dispuesto en este Real Decreto, se entenderá como:

1. **Riesgo eléctrico:** riesgo originado por la energía eléctrica. Quedan específicamente incluidos los riesgos de:

   a) Choque eléctrico por contacto con elementos en tensión (contacto eléctrico directo), o con masas puestas accidentalmente en tensión (contacto eléctrico indirecto).

   b) Quemaduras por choque eléctrico, o por arco eléctrico.

   c) Caídas o golpes como consecuencia de choque o arco eléctrico.

   d) Incendios o explosiones originados por la electricidad.

2. **Lugar de trabajo:** cualquier lugar al que el trabajador pueda acceder, en razón de su trabajo.

3. **Instalación eléctrica:** el conjunto de los materiales y equipos de un lugar de trabajo mediante los que se genera, convierte, transforma, transporta, distribuye o utiliza la energía eléctrica ; se incluyen las baterías, los condensadores y cualquier otro equipo que almacene energía eléctrica.

4. **Procedimiento de trabajo:** secuencia de las operaciones a desarrollar para realizar un determinado trabajo, con inclusión de los medios materiales (de trabajo o de protección) y humanos (cualificación o formación del personal) necesarios para llevarlo a cabo.

5. **Alta tensión. Baja tensión. Tensiones de seguridad:** las definidas como tales en los reglamentos electrotécnicos.

6. **Trabajos sin tensión:** trabajos en instalaciones eléctricas que se realizan después de haber tomado todas las medidas necesarias para mantener la instalación sin tensión.

7. **Zona de peligro o zona de trabajos en tensión:** espacio alrededor de los elementos en tensión en el que la presencia de un trabajador desprotegido supone un riesgo grave e inminente de que se produzca un arco eléctrico, o un contacto directo con el elemento en tensión, teniendo en cuenta los gestos o movimientos normales que puede efectuar el trabajador sin desplazarse.

Donde no se interponga una barrera física que garantice la protección frente a dicho riesgo, la distancia desde el elemento en tensión al límite exterior de esta zona será la indicada en la tabla 1.

8. **Trabajo en tensión:** trabajo durante el cual un trabajador entra en contacto con elementos en tensión, o entra en la zona de peligro, bien sea con una parte de su cuerpo, o con las herramientas, equipos, dispositivos o materiales que manipula. No se consideran como trabajos en tensión las maniobras y las mediciones, ensayos y verificaciones definidas a continuación.

9. **Maniobra:** intervención concebida para cambiar el estado eléctrico de una instalación eléctrica no implicando montaje ni desmontaje de elemento alguno.

10. **Mediciones, ensayos y verificaciones:** actividades concebidas para comprobar el cumplimiento de las especificaciones o condiciones técnicas y de seguridad necesarias para el adecuado funcionamiento de una instalación eléctrica, incluyéndose las dirigidas a comprobar su estado eléctrico, mecánico o térmico, eficacia de protecciones, circuitos de seguridad o maniobra, etc.

11. **Zona de proximidad:** espacio delimitado alrededor de la zona de peligro, desde la que el trabajador puede invadir accidentalmente esta última. Donde no se interponga una barrera física que garantice la protección frente al riesgo eléctrico, la distancia desde el elemento en tensión al límite exterior de esta zona será la indicada en la tabla 1.

12. **Trabajo en proximidad:** trabajo durante el cual el trabajador entra, o puede entrar, en la zona de proximidad, sin entrar en la zona de peligro, bien sea con una parte de su cuerpo, o con las herramientas, equipos, dispositivos o materiales que manipula.

13. **Trabajador autorizado:** trabajador que ha sido autorizado por el empresario para realizar determinados trabajos con riesgo eléctrico, en base a su capacidad para hacerlos de forma correcta, según los procedimientos establecidos en este Real Decreto.

14. **Trabajador cualificado:** trabajador autorizado que posee conocimientos especializados en materia de instalaciones eléctricas, debido a su formación acreditada, profesional o universitaria, o a su experiencia certificada de dos o más años.

15. **Jefe de trabajo:** persona designada por el empresario para asumir la responsabilidad efectiva de los trabajos.

Además, el ANEXO I incluye una tabla con las distancias límite de las zonas de trabajo:

U_n	D_{PEL-1}	D_{PEL-2}	D_{PROX-1}	D_{PROX-2}
≤1	50	50	70	300
3	62	52	112	300
6	62	53	112	300
10	65	55	115	300
15	66	57	116	300
20	72	60	122	300
30	82	66	132	300
45	98	73	148	300
66	120	85	170	300
110	160	100	210	500
132	180	110	330	500
220	260	160	410	500
380	390	250	540	700

Para comprender bien esta tabla es preciso observar ciertas consideraciones:

Las distancias para valores de tensión intermedios se calcularán por interpolación lineal.

U_n = tensión nominal de la instalación (kV).

D_{PEL-1} = distancia hasta el límite exterior de la zona de peligro cuando exista riesgo de sobretensión por rayo (cm).

D_{PEL-2} = distancia hasta el límite exterior de la zona de peligro cuando no exista el riesgo de sobretensión por rayo (cm).

D_{PROX-1} = distancia hasta el límite exterior de la zona de proximidad cuando resulte posible delimitar con precisión la zona de trabajo y controlar que esta no se sobrepasa durante la realización del mismo (cm).

D_{PROX-2} = distancia hasta el límite exterior de la zona de proximidad cuando no resulte posible delimitar con precisión la zona de trabajo y controlar que esta no se sobrepasa durante la realización del mismo (cm).

Como se ha indicado, la zona de trabajo debe ser un lugar seguro a fin de evitar accidentes y minimizar los riesgos en la medida de lo posible. Para ello disponemos de una serie de medidas como las que se indican a continuación:

a) Candados para el bloqueo de interruptores

Su finalidad es asegurar la protección de los operarios que trabajan en la modificación o reparación de instalaciones eléctricas.

Los candados y llaves de color se pueden destinar para indicar determinadas tareas de seguridad, como:

• **Rojo:** para tareas de mantenimiento mecánico.

• **Azul:** para contratistas.

• **Amarillo:** para electricistas.

• **Naranja:** para los operarios de fabricación.

Existen hasta 9 colores diferentes.

b) Cintas para marcar zonas con riesgo

Las zonas de trabajo deben estar bien delimitadas y señalizadas para evitar el acceso a las personas que no tengan relación con el trabajo que se realiza.

1. Cintas de plástico para marcar o delimitar las zonas con riesgo.	2. Soporte para la cinta (uno por cada lado).

c) Barreras para acotar o cerrar zonas de trabajo

Las barreras, en sus diferentes formas, son elementos muy empleados para aislar las zonas de trabajo. Suelen ser metálicas o de plástico y su variedad es muy amplia.

1. Barrera extensible	2. Barreras fijas alineadas.	3. Barrera plegable.
4. Conos con cadena.	5. Soportes para cadena.	6. Barreras viales de seguridad.

2.3.3. Trabajos en proximidad

En el punto 12 del ANEXO I del Real Decreto 614/2001, dedicado a las definiciones, se lee lo siguiente:

> **Trabajo en proximidad:** trabajo durante el cual el trabajador entra, o puede entrar, en la zona de proximidad, sin entrar en la zona de peligro, bien sea con una parte de su cuerpo, o con las herramientas, equipos, dispositivos o materiales que manipula.

Este aspecto se trata con más detenimiento en el ANEXO V del mismo real decreto, en donde se desmenuza más lo que es un trabajo de proximidad. Así, dicho ANEXO V, señala que:

A. Disposiciones generales

> En todo trabajo en proximidad de elementos en tensión, el trabajador deberá permanecer fuera de la zona de peligro y lo más alejado de ella que el trabajo permita.

A.1. Preparación del trabajo

1. Antes de iniciar el trabajo en proximidad de elementos en tensión, un trabajador autorizado, en el caso de trabajos en baja tensión, o un trabajador cualificado, en el caso de trabajos en alta tensión, determinará la viabilidad del trabajo, teniendo en cuenta lo dispuesto en el párrafo anterior y las restantes disposiciones del presente anexo.

2. De ser el trabajo viable, deberán adoptarse las medidas de seguridad necesarias para reducir al mínimo posible:

   a) El número de elementos en tensión.

   b) Las zonas de peligro de los elementos que permanezcan en tensión, mediante la colocación de pantallas, barreras, envolventes o protectores aislantes cuyas características (mecánicas y eléctricas) y forma de instalación garanticen su eficacia protectora.

3. Si, a pesar de las medidas adoptadas, siguen existiendo elementos en tensión cuyas zonas de peligro son accesibles, se deberá:

   a) Delimitar la zona de trabajo respecto a las zonas de peligro; la delimitación será eficaz respecto a cada zona de peligro y se efectuará con el material adecuado.

   b) Informar a los trabajadores directa o indirectamente implicados, de los riesgos existentes, la situación de los elementos en tensión, los límites de la zona de trabajo y cuantas precauciones y medidas de seguridad deban adoptar para no invadir la zona de peligro, comunicándoles, además, la necesidad de que ellos, a su vez, informen sobre cualquier circunstancia que muestre la insuficiencia de las medidas adoptadas.

4. Sin perjuicio de lo dispuesto en los apartados anteriores, en las empresas cuyas actividades habituales conlleven la realización de trabajos en proximidad de elementos en tensión, particularmente si tienen lugar fuera del centro de trabajo, el empresario deberá asegurarse de que los trabajadores poseen conocimientos que les permiten identificar las instalaciones eléctricas, detectar los posibles riesgos y obrar en consecuencia.

A.2. Realización del trabajo

1. Cuando las medidas adoptadas en aplicación de lo dispuesto en el apartado A.1.2 no sean suficientes para proteger a los trabajadores frente al riesgo eléctrico, los trabajos serán realizados, una vez tomadas las medidas de delimitación e información indicadas en el apartado A.1.3, por trabajadores autorizados, o bajo la vigilancia de uno de estos.

2. En el desempeño de su función de vigilancia, los trabajadores autorizados deberán velar por el cumplimiento de las medidas de seguridad

y controlar, en particular, el movimiento de los trabajadores y objetos en la zona de trabajo, teniendo en cuenta sus características, sus posibles desplazamientos accidentales y cualquier otra circunstancia que pudiera alterar las condiciones en que se ha basado la planificación del trabajo. La vigilancia no será exigible cuando los trabajos se realicen fuera de la zona de proximidad o en instalaciones de baja tensión.

B. Disposiciones particulares

B.1. Acceso a recintos de servicio y envolventes de material eléctrico

1. El acceso a recintos independientes destinados al servicio eléctrico o a la realización de pruebas o ensayos eléctricos (centrales, subestaciones, centros de transformación, salas de control o laboratorios), estará restringido a los trabajadores autorizados, o a personal, bajo la vigilancia continuada de estos, que haya sido previamente informado de los riesgos existentes y las precauciones a tomar.

   Las puertas de estos recintos deberán señalizarse indicando la prohibición de entrada al personal no autorizado. Cuando en el recinto no haya personal de servicio, las puertas deberán permanecer cerradas de forma que se impida la entrada del personal no autorizado.

2. La apertura de celdas, armarios y demás envolventes de material eléctrico estará restringida a trabajadores autorizados

3. El acceso a los recintos y la apertura de las envolventes por parte de los trabajadores autorizados solo podrá realizarse, en el caso de que el empresario para el que estos trabajan y el titular de la instalación no sean una misma persona, con el conocimiento y permiso de este último.

B.2. Obras y otras actividades en las que se produzcan movimientos o desplazamientos de equipos o materiales en la cercanía de líneas aéreas, subterráneas u otras instalaciones eléctricas

Para la prevención del riesgo eléctrico en actividades en las que se producen o pueden producir movimientos o desplazamientos de equipos o materiales en la cercanía de líneas aéreas, subterráneas u otras instalaciones eléctricas (como ocurre a menudo, por ejemplo, en la edificación, las obras públicas o determinados trabajos agrícolas o forestales) deberá actuarse de la siguiente forma:

1. Antes del comienzo de la actividad se identificarán las posibles líneas aéreas, subterráneas u otras instalaciones eléctricas existentes en la zona de trabajo, o en sus cercanías.

2. Si, en alguna de las fases de la actividad, existe riesgo de que una línea subterránea o algún otro elemento en tensión protegido pueda ser alcanzado, con posible rotura de su aislamiento, se deberán tomar las medidas preventivas necesarias para evitar tal circunstancia.

3. Si, en alguna de las fases de la actividad, la presencia de líneas aéreas o de algún otro elemento en tensión desprotegido, puede suponer un riesgo eléctrico para los trabajadores y, por las razones indicadas en el artículo 4.4 de este Real Decreto, dichas líneas o elementos no pudieran desviarse o dejarse sin tensión, se aplicará lo dispuesto en la parte A de este anexo.

A efectos de la determinación de las zonas de peligro y proximidad, y de la consiguiente delimitación de la zona de trabajo y vías de circulación, deberán tenerse especialmente en cuenta:

a) Los elementos en tensión sin proteger que se encuentren más próximos en cada caso o circunstancia.

b) Los movimientos o desplazamientos previsibles (transporte, elevación y cualquier otro tipo de movimiento) de equipos o materiales.

A este respecto, algunos de los equipos y materiales que pueden aumentar el riesgo de accidente eléctrico en los trabajos en proximidad de instalaciones eléctricas en tensión son los que aparecen en la Tabla 5.

Tabla 5 del punto 12 del ANEXO I del Real Decreto 614/2001

Tabla 5. Equipos y materiales que pueden aumentar el riesgo
de accidente eléctrico en los trabajos en proximidad de cables subterráneos

Lista no exhaustiva de elementos que pueden aumentar el riesgo de accidente en los trabajos en proximidad de líneas aéreas	
Máquinas y vehículos:	**Otros equipos de trabajo:**
• Grúas torre.	• Escaleras extensibles.
• Grúas móviles.	• Escaleras de mano.
• Palas y máquinas excavadoras.	• Andamios metálicos.
• Camiones con volquete, polipastos o similares.	
• Plataformas elevadoras móviles de personal.	
• Brazos hidráulicos elevadores.	
• Grúas montadas sobre camiones.	**Materiales:**
• Carretillas autopropulsadas de alcance variable.	• Tubos y perfiles metálicos.
• Máquinas perforadoras.	• Cables y alambres.
• Martillos neumáticos.	• Árboles, ramas y madera húmeda.
Nota. Adaptación de la *Guía técnica para la evaluación y prevención del riesgo eléctrico*, según el Real Decreto 614/2001, publicada por INSST, página 70 y disponible en: www.insst.es/documents/94886/789467/Guía+técnica+para+la+evaluación+y+prevención+de+los +riesgos+relacionados+con+la+protección+frente+al+riesgo+eléctrico.pdf	

Ejemplos de elementos que pueden ser la causa de un accidente en presencia de instalaciones eléctricas si no se manipulan con la atención debida.

1. Grúas motorizadas para el montaje de torres eléctricas.	2. Cesta elevadora para trabajos de mantenimiento.	3. Grúa articulada sobre camión.
4. Retroexcavadora sobre tractor.	5. Máquina desbrozadora.	6. Taladro para hacer agujeros para postes.

FREMAP. Manual de seguridad y salud en trabajos en baja tensión

Nota. Se aconseja su lectura.

Los criterios técnicos aplicados en este manual emanan del contenido de la siguiente normativa:

- Ley 31/95 de 8 de noviembre de Prevención de Riesgos Laborales.
- Real Decreto 614/2001, de 8 de junio, sobre disposiciones mínimas para la protección de la salud y seguridad de los trabajadores frente al riesgo eléctrico.

ACTIVIDADES FINALES

A continuación, y a modo de repaso sobre la materia estudiada, se presenta una serie de preguntas para que puedas evaluarte sobre los conocimientos adquiridos.

2.1. ¿De qué trata la Ley 31/1955, de 8 de noviembre?

2.2. ¿Qué se entiende por «riesgo laboral»?

2.3. ¿Qué se entiende por «equipo de protección individual»?

2.4. ¿Qué aprueba el Real Decreto 39/1997, de 17 de enero?

2.5. ¿Qué se entiende por «prevención»?

2.6. ¿Qué se entiende por «instalación en descargo»?

2.7. ¿De qué trata el Real Decreto 842/2002, de 2 de agosto?

2.8. ¿Qué Real Decreto tiene un ANEXO II que trata de los trabajos sin tensión?

2.9. Señala las cinco etapas para preparar una instalación en donde realizar trabajos sin tensión.

2.10. Después de una intervención, ¿el proceso de reposición de la tensión comprenderá…?

2.11. Si existe peligro de que aparezcan diferencias de potencial en la instalación durante el curso de un trabajo, ¿cuál es la forma de protección?

2.12. ¿Qué características deben tener los conductores de puesta a tierra?

2.13. Señala la forma de proceder cuando se realizan trabajos en instalaciones con condensadores que permitan una acumulación peligrosa de energía.

2.14. ¿Qué acciones suponen las *Cinco reglas de oro* para trabajos sin tensión?

2.15. ¿Cuáles son los elementos de un equipo portátil de puesta a tierra?

2.16. ¿Cómo se deben poner las pinzas de puesta a tierra?

2.17. ¿Por qué es muy importante la señalización en los trabajos eléctricos en curso?

2.18. Cita diferentes dispositivos para intervenir en instalaciones eléctricas.

2.19. ¿Qué precauciones hay que tomar con las puestas a tierra cuando se realiza un trabajo en una instalación?

2.20. ¿Cómo se puede verificar la ausencia de tensión en el circuito en que se está interviniendo?

2.21. ¿Cuándo se considera que un trabajo se realiza sin tensión?

2.22. ¿Qué se entiende por «zona de trabajo en tensión»?

2.23. ¿Qué se entiende por «zona protegida respecto a la corriente eléctrica»?

2.24. ¿Qué trabajos pueden realizarse con la instalación en tensión?

2.25. ¿Qué procedimientos se emplean para realizar trabajos sin tensión?

2.26. ¿Cuándo se deberá señalizar la zona de trabajo?

2.27. ¿Qué es una «maniobra eléctrica»?

2.28. ¿Qué finalidad tienen las mediciones, ensayos y verificaciones?

2.29. ¿Cuándo se considera que un trabajo es en proximidad?

2.30. ¿Quién es un «trabajador cualificado»?

2.31. ¿Quién puede realizar trabajos de mediciones, ensayos y verificaciones?